www.ingramcontent.com/pod-product-compliance
Lightning Source LLC
Chambersburg PA
CBHW052018070526
44584CB00016B/1807

زهرة الصبّار

The Cactus Flower

ديوان شعر:

د. صفاء رفعت

Poetry Book By:

Dr. Safaa Refaat

ISBN: 978-1-5272-9556-8

Publisher: Beyond The Horizon

UK

22 May 2021

All rights reserved.

الترقيم الدولي:
978-1-5272-9556-8

الناشر: ما وراء الأفق

المملكة المتحدة

22 مايو 2021

جميع الحقوق محفوظة

بِسْمِ ٱللَّهِ ٱلرَّحْمَٰنِ ٱلرَّحِيمِ

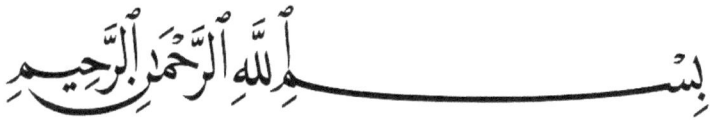

إهداء

إلى التي علمتني...
أن أحمل الألم صابرا دون شكوى،
أن أبقى نقياً كماء النبع،
وجميلاً كأزهار الصبار،
وإن أحاطت بي الأشواك
من كل حدب...

إلى أمي الحبيبة...
وقد فارقتنا على غير موعد.
فاللهم ارحم روحها التي فارقتنا إليك،
رحمة تغسل بها عنها كل سيئة وتجبر كل غفلة،
يا رب وبلغ روحها منّي السلام،
واجزها عنّي خير ما جزيت عن المعروف الأنام.

مفتتح

نجيء في صخب،

ونرحل في صمت...

وبين ذاك الصخب وهذا السكون،

ينساب نهر الحياة...

نخط الخطى مختارين بما جرى به القلم، متعثرة، ثم تستوي، ثم تتهاوى...

مفعمين بكل شيء، وسادرين لا نألو على شيء..

ثم يحل الوهن وتتساوى في خفوت الوهج الأشياء...

ومن لم يستمد نوره من إيمان راسخ بمولاه، غلبته حيرة التيه في ظلمات الضلال.. ومن تتداركه رحمة من ربه يصفو وينجو. ومن تغلب عليه شقوته، فلا شفيع له ولا بواكي عليه...

تسرقنا مادة الحياة، وتصور لنا لوهلة أنها منتهى كل شيء، لكن؛ يظل في سريرة كل منا جذوة من وهج الروح تومض وتخبو،

تملؤنا شغفا بما يرويها... وكلما تجاهلناها كلما ازداد شعورنا بالخواء الحقيقي.

وكلما حانت لحظة ابتهال للقلب، تخشع فيها شغافه بين يدي مولاه، وتفيض فيها العين، وتتسق الروح ملبية منشرحة؛ كلما اكتشفنا من جديد حقيقة كل شيء!

وأدركنا في لحظة عابرة، أن عناية الله تعالى قد أحاطت بكل شيء، وأن كل شتات عن قصده سبحانه كد وعبث، وحيرة وجهد بلاء..

سبحانك وبحمدك...

هلكت نفس لا ترجوك، وسقمت أبدان لا تخشع لعبادتك، وشقيت عقول لا تتفكر في جلالك...

سبحانك...

وأنت البرهان على كل شيء، وكل شيء خاضع لسلطانك، تبارك اسمك وتعالى جدك، لا إله إلا أنت، فلك الحمد...

أما بعد:

فهذه باقة متفرقة من القصيد، كانت متناثرة في محطات الذاكرة وبين دفاتر الأماني والأيام، بعضها مر عليه سنوات عديدة وبعضها

مرت عليه أيام معدودة، لكنها لم تزل جميعها في خاطري غضة تنبض بالحياة... نصحني من لا أشك في حكمته ورشد رأيه أن أجمعها بين دفتي كتاب، علها تجد طريقها لمن ينتفع بها وتكون كلمة طيبة تؤتي أكلها بإذن ربها إلى ما يشاء الله تعالى ...

وقد ءاثرت ألا أذيل معظم القصائد بتأريخ الأحداث التي ولدت فيها، كيلا تنحصر فيها، فقد وجدت وأنا أراجعها أن الجراح لم تزل نازفة، هي هي رغم مرور الأعوام، وأن همّ الأمة لم يتبدّل، فعسى أن يمن الله علينا بصلاح حالنا وعزنا، وعسى أن تكتحل أعيننا بفجر العزة المبين...

بقي أن أعتذر عما في هذا النظم من علة أو كسور، فإني ما اتخذت الشعر صنعة، وأعترف في هذا بتقصيري وقصوري، إنما هي نفحات قلب مثقل مثخن بجراح هذه الأمة، وقد حجبتها طويلا بغية استكمال الكمال، ثم أدركت أنني في خضم عظيم وأن سؤال التمام إذا تعثر لا ينبغي أن يكون سببا في القعود عن البذل والمحاولة، وما لا يدرك كله لا يترك جله، فعفوا.. ومرحبا بكل تصويب نافع ونقد بناء...

فاللهم تقبله منا واعف عنا وءازرنا ولا تخذلنا وامنن علينا بالهدى والسداد ويسر لأمتنا سبيل الرشاد...

الحمد لله على نعمائه

والحمد للنعماء من آلائه...

كتبته:

د صفاء رفعت

المملكة المتحدة

٣ شوال ١٤٤٢

١٥ مايو ٢٠٢١

إذا ضاقت بهم العبد أرض

إذا ضاقت بهمِّ العبدِ أرضٌ
فمن يرعاهُ إلا من براهُ

ومن غير الذي سوَّاه يدري
بشكواه وفي البلوى يراه

ومن غير الذي رباه يعفو
ويرأب صدع ما اكتسبت يداه

يبيت العبدفي النجوى ويصحو
وقد بسط المليك له نداه

أنا المشتاق للأوبة

أتيت إليك يا ربي
تبلل دمعتي دربي

يفيض الشوق من قلبي
وقد أُرديت من كسبي

فإذ تنزل بعزِّ عُلاك كي تسأل
ألا من عابد يسأل

ألا من مذنب باك
وصاحبُ حاجةٍ شاك

أنا يا رب

أنا يا رب من يسأل
وفي الغفران من يأمل

أنا يا رب من يبكي
وعنه الناس لم تحك

أنا يا رب من أذنب
وفي الحسنات لم يرغب

ليوم البعث لم يرهب
وفي الخلوات لم يرقب

أنا يا رب من يخطئ
وفي الظلمات لا يبطئ

أنا من غاب لم يسمع
وفي الصلوات لم يخشع

أنا المفتون في بعدك
أنا المقطوع عن ودك

أنا الراجي.. أنا الباكي

أنا من غيبتي الشاكي

أنا التائب.. أنا العائد
أنا في خيبتي البائد

أنا الحامل.. بسوق العمر أوزاري
ولم أعبأ.. بما تخفيه أسراري

أنا المغبون في بيعي
ولم أرجع.. بغير الوهم من ميعي

أنا المشتاق للأوبة
وتعلن دمعتي التوبة

ضللت العمر محتاراً
وجئت إليك مختاراً

وعدت إليك.. مجروحاً
ومهموماً.. ومذبوحاً

ومسجوناً.. ومعلولاً
ومطروداً.. ومغلولاً

بغل الذنب في قلبي
وبالشبهات في دربي

أنا من ضاع في الميلِ
فمن لقياك يا ويلي

لجأت إليك يا ربي
وإنك في المدى حسبي

شكوت إليك من وزري
ومن عجري ومن بجري

وما عيل له صبري
فنوّر بالهدى صدري

وجد بالفضل والمنة
وبالرحمات والجنة

رجوت العفو مضطراً
وقد أسرفت مغتراً

وعدت لنور أعتابك
فلا تطردني عن بابك

ولا تحرمني من جودك
فإن العفو موعودك

كسبت السوء لم أبرح
فلو ترضى... ولو تصفح

فإن رضاك مقصودي
وليس سواك معبودي

لا تنافق...!

لا تنافق...
ليس بين الحق والسوء توافق

لا توافق..
لو أرادوك لتدلي بالشهادة
للذي... ضل صوابه
حامداً حسن اعتقاده

لا توافق...

إنها الدرب لنور الحق يا صاح عسيرة
عزَّ فيها من يرافق
فإذا أغروك بالدنيا الحقيرة
وأرادوك لتصحب أي أفَّاقٍ منافق

لا توافق...

إن للباطل ظلمة
وطريق الحق يا صاح منيرة
وليالي العمر إن طالت... قصيرة

فإذا استاموا على هذه الحصيرة
وأرادوا بيع ما يبقى بما يفنى كثيره
فارفض البيع وفارق
لا تقف بين المفارق
لو أجاز البيع مارق
فالزم العهد ورابط

لا تهادن...

إنه الله عليم بالشهاده
وله غيب عباده
فتبتل بالعبادة

حقق التوحيد في أصل الإنابة
واسأل الله الزيادة

إن أهل الحق أولى بالريادة
إن أهل الحق أولى بالريادة

ಸ･ಜ

قلبٌ تساوره الهموم

قلب تساوره الهموم
لا العين نامت
ولا ارتاحت من السهد الجفون

والليل معترك الظنون
ولا مؤانس للجريح ولا نجوم
والقهرفي الرؤيا يحوم

يا رب يا رحمن يا نور الوجود
يا سامع الشكوى
ويا مزجي السحاب من الغيوم
يا كاشف الكربات وحدك والغموم

إني مددت إليك يا مولاي كفا من شجون
وحنيت ناصية الهموم

يا رب فامنن بالسكون

وتغمد القلب الحزون
برحمة تجلو الهموم

لولاك يا مولاي ما كنت أكون
وأنا الجهول المسرف الغر الغشوم
وأنا الذي ضيعت في اللهو السنين
وظللت حول حمى أحوم

وإليك يا مولاي أرجع في سكون
يا رب فاغفر حوبتي
واقبل بلطفك توبة الطرف الخؤون
من قبل غاشية المنون

وأنر بنورك يا إلاهي مهجتي
كي أهتدي سبل اليقين
لا أرتضي بالحق دون

نبيُّ الله غرّةُ كلّ فجرٍ

نبيّ الله دونك كل عرض
ودون ذمامك العالي كفاح

أضاء بك الإله عهود جهل
فأشرقت البوادي والبطاح

...

نبيّ الله يا نورا وبشرى
لكل مؤمل يرجو الفلاح

نبيّ الله ريحاناً وذكراً
وشمس الفضل يجلوها الصباح

فسيرة أحمد العدنان عطر
لها تهفو عيون المستراح

فإن تعشى عن الذكرى عيون

فهل يخفى على الدهر الصلاح

...

نبيّ الله غرة كل فجر

وشيمته المروءة والسماح

نبيّ الله عزة كل فخر

ومنطقه الفصيحات الصحاح

فدعوته السبيل لكل خير

وليس لمعرض عنها ارتياح

يظن مرارة الدنيا نعيما

فيقنص عيشها أنى يتاح

ويحسب غاية الغايات فيها

فيروي حسرة الندم النواح

ولو تبع الرسول لذاق منها
نعيما طيبا أبداً يباح

تركنا عهده وطريق رشد
إذا تركت فكل الخير راح

...

إذا ضاقت بي الظلمات يوما
وطافت في الغدو أو الرواح

وجدت بسيرة المختار سلوى
إذا لاحت رأيت الفجر لاح

فتروي سيرة العدنان قلبي
كأن فيوضها الماء القراح

يا رب إني أبتغيك وأرتجي

يا رب إني أبتغيك وأرتجي
وبعطر حمدك يا إلهي أبتدي

يا رب إني قد عَنيت
وقد شقيت من الأسى
ومن العيوب...

الحزن أدمى مهجتي
وقريرتي
بالدمع ترويها الخطوب

بك أستجير وألتجي
وإليك أسعى في الدروب

ولفضل جودك يا إلهي أرتجي
يا من له تشكى الذنوب

يا رب إني قد جُرِحتُ على المدى

واعتّل قلبي بالأنين وما اشتكى

حتى بكى...

ولغير بابك ما التجى ...

وبباب عفوك قد أنخْتُ مطيتي

وأنين قلبي يستجيرُ برحمتكْ

وإليك أعلن أوبتي

من ضيعتي

وإليك أشكو ذلّتي

ومهانتي

وسطور عجزي والقعود

عن التقى

يا رب أنت المبتغى

ولَبابُ فضلك يُرتجَى

من دون أبواب الدنى ...

يا رب فارحم ضعفتي

وبفضل جودك أغنني

عمّن سواك

...

يا رب سدّد خطوتي

ولدرب هديك فاهدني

من حيرتي ...

يا رب سعني في ظلالكِ إنني

في صمت ليلي أستجير برحمتك

وإليك أرفع حاجتي...

فأعنْ صمودي

وشدّ أزري بالصلاح

وبالهدى ...

واجعل سبيلك غايتي

وعلى الصراط منيّتي

...

يا رب إني أرتجيك
وقد تكالبت الهموم على الشجون بمهجتي
وقيود وهني قد أغلّت معصمي
والذنب أحنى هامتي
وغرقت في كل العيوب، ولم أني
عن غايتي ..
...
يا رب فاجبر كسر عبدك بالتقى
واسبغ على القلب الشقيّ من الهدى
واهدني في حيرتي
وأقم حياتي باليقين وختمتي
فيما تحب وترتضي
...
يا رب هديك بُغْيَتي
فأقرّ عيني بالمزيد

وأعنّي في زهو الدُنَى
على التصبر والتدبر والخشوع

وما أرقت بليل صبري من دموع

يا رب فاجعلها بذكرك تنتدي

وتُطّهر القلب العصيّ ليهتدي

ورجاء رحمتك يتوب

...

يا رب واجعل في فؤادي بك الغنى

وبدار فضلك يرتجي كل المنى

واصرفه عن زيف الدُنى

وعن التعلق بالفجور أو الخنا

وإليك يا رب بليل الناس علّمه القنوت

وإذا يغيب بساعةٍ فإليك يا ربي يؤوب

...

يا رب عفوك أرتجي

وبنور وجهك أهتدي

وأنا التي ...

أغرقت عمري في الذنوب
ولم ألِ
همّ الذنوب بدمعتي

فاقبل بعزك رجعتي
ولتأذن في توبتي

حتى أتوب وأبتدي
عهداً ينير بصيرتي
يهدي شوارد حيرتي
في روحتي أو غدوتي
حتى تحين منيتي
...
يا رب جئتك أشتكي
غيَّ البعاد وغفلتي
ضعفي وقلة حيلتي

وعلى طريقك وحدتي
وبين خلقك غربتي

يا رب فاغفر زلتي

وأَقِلْ بلطفك عثرتي

واهد لدربك خطوتي

وطهرن لي مهجتي

وسريرتي ...

.

واجعل رضاك بغيّتي

لأُقيم شأن بقيتي

فيما تحب وترتضي

يا رب عفوك أرتجي

وبنور وجهك أهتدي

وأُتِّم سُؤلي بالصلاة على الذي

أرسلتَه لهدى البريةِ من تمام المنَّةِ

ಚ·ಬ

فأين يا ربي السبيل بهذه الفتن المضلة

يا ربي قد غابت نجوم الهدي من طول المذلّة
فأين يا ربي السبيل بهذه الفتن المضلّة

ولقد غُرِرْت عن الصراط من البداية للتتمة
وتتابعت غلسات هذا الليل،
باتت مدلهمّة

يا ربي كيف سأهتدي فيها بأعمالي المقلّة
وبأي أحوالي أجوز،
بأي همّة؟

يا رب عفوك بغيتي،
وأنا بطاعتك مُهِمّة
يا رب فاهد القلب في هذي الملمّة

ولنور دربك دُلَّني
إني بذكرك مطمئنة

يا رب واجعلها قصيرة
رحلة المسكين في الدنيا العسيرة

يا رب واجعلها يسيرة
رحلة المسكين في الدنيا العسيرة

☙•❧

هو الليل أرخى لنا الأمنيات

هو الليل أرخى لنا الأمنيات ...

وسبّح بالحمد ملء السماء

هو الحب يملؤنا بالصفاء..

يبدل حزن القلوب ارتواء

وينثر فيها الندى والسناء..

ويزرعها في طريق العطاء

فتحيا مدامعها في الدعاء ...

وترجو من الله حسن البلاء

ஐ·ღ

هلالٌ هلّ من غيب الستائر

هلالٌ هلّ من غيب الستائر
رنت من نور طلته البشائر

أتى شهر التبتل يا أميه
فجدي العزم إن الشهر زائر

أتى شهر التهجّد ليت شعري
وفي الأسحار قلب الحُرِّ سائر

يطيل الذكر في الخلوات يتلو
كتاب الله، نُورا للبصائر

يتوق لرحمة كالغيث تدنو
وتغسل كل هم في السرائر

...

لرب العرش تسبيحي وصومي

وليل الصوم ياقوت الذخائر

أتى الشهر الفضيل فلا ترقه

بلغوٍ في الفضاءات البوائر

وحلِّق في سماء النور تنجو

وتمسي في جنان الخلد طائر

أتاك الغوث من جدب وتيه

وشرع الله يشفي كل حائر

فحمدا للكريم بكل لحظ

له العتبى وإخلاص الشعائر

وصلى الله في صبح وليل

على المختار مصداق البشائر

يا نبيَّ اللّهّ عذراً

يا نبيّ الله عذراً
فلك الفضل وأكثر

يا نبيّ الله عذراً
فبِك العلياء تفخر

بِتُّ في الحزن سُهادي
وأنين القلب يزأر

قد منحتَ للبرايا
رحمةً بالهدي تُؤثَر

ولساناً جامعاً للخير
كاللؤلؤ يُنثَر

وأزاهيراً من النور
ورَيْحاناً مُعطّر

وطريقاً للخلاص

إن وعاها الحُرُّ يظفر

وعهوداً من سلامٍ

عاجلَ الخيرِ مُيسّر

وقلوباً

في رحاب الخيرِ تُؤطَر

بِودادٍ ورباطٍ

ليس يُكسَر

وتواضعت فكُنتَ

أُسوة تُحكَى وتُعْبَر

وتلقَّيْتَ قلوباً

صاديةْ بالكفر تجهر

تُضمرُ الحقد وتعدوا

في ابتغاء الظلم تسمر

فغدَت في الحق نوراً

في التماس الخير تسهر

وتحملّت خطوباً

لو حواها الصخر يُصهَر

وأبيْتَ أن تكون

داعياً بالشرِّ يُنصَر

فحباك الله ذكراً

في الورى أندى وأعطر

صرت في العلْيَا سراجاً

فيه نور الله أزهر

...

كيف يأتي اليوم عبدٌ

جاهلٌ لا ليس يُذكر

يدّعي من فرط جهلٍ

أن شمسَ الله تُخفَر

يبتغي بالبغيِ مُلكاً

زائلاً كالجمر يُسعر

إنْ أُقيم الوزن يوم الدين

يخسر

كيف يزعم أنَّ نور الهدي وهمٌ

أن عهد الله أصغر

يدّعي السوءَ بسُكرٍ

من نبي الله يسخر؟!

يا رسول الله عذراً
فلك الفضل و أكثر

يا نبيّ الله عذراً
فبك العلياء تفخر

إن نقضنا اليوم عهدك،
فلنا الخزيُ وأحقر
...
في سبيل الله نمضي
إن جُند اللهِ أصبر

في سبيل الله نسعى
لا نحيدُ ولا نُؤخَّر

إن عهد الله أبقى
وحدود الله أكبر

يا ميسُ لو تدرين كم هو مثقل

*(هذه القصيدة معارضة لقصيدة مطلعها: من آي أحمد تسكر الأرجاء)

أبكيتَ قلباً مثقلا لم تندمل
أسقامه طالت بغير شفاء

وحكيت بؤساً قد وعته جراحنا
أنّت له الأكباد صبح مساء

ضاقت على الحلم الأبيّ دروبنا
وتلونا آي الغي والسفهاء

يا ميس لو تدرين كم أنا غاضب
من سعينا نحو الردى بغباء

يا ميس لو تدرين كم أنا شائق
لغد تلوح بفجره الأضواء

ولفتية لا يبتغون بعيشهم

إلا الرضى من ربهم وثناء

عافوا الدنية والخنوع ويمموا

شطر الهداية يحملون لواء

يا ميس لو تدرين كم هو مثقل

قلب تشقق خفقه ببكاء

طالت على أعتاب همه وقفتي

لو تُفتح الأبواب ذات سماء

لو ينجلي عن كل ليل عيوننا

وَهْمُ اتباع الغرب كل نداء

ونعود نزرع في شغاف قلوبنا

حب الهداية والدعاء رجاء

لو نستبين طريقنا من غفلة

زلت بنا في معمه الأهواء

وكم من ءاية عنها مررنا

وكم من ءايةٍ عنها مررنا
فلم تصدع لها يوما خطانا

أطلنا غفلةفي العيش حتى
صرفنا عن شهود الحق آنا

ولو صدقت قلوب أو عقول
لما عشيت عن الذكرى رؤانا

هو الصبر ترياق الكروب

هو الصبر ترياق الكروب
وروضة يندى بها وجع القلوب...
ودونه عفوٌ من المولى قريبٌ
سابغٌ
وتتمة النُعماء من رب حليم غافر
ولكل سوء ساتر
يمحو برحمته احتراق الروح من درن الذنوب
فبشكره وبحمده
دانت سليمات القلوب...
فإليه عد...
قد عان للعبد المُعنَّى أن يعودَ
وأن يؤوب...
لعله يرضى ويمنح صفحه
عمّن تدين بحمده منه
الخبايا والخفايا والسجايا والجروح

نسيم الصباح يحدث قلبي

نسيم الصباح يحدث قلبي
بحمد المليك وشكر النعم

وحسن الثناء لرب جليل
عليم حليم وقدس أتمّ

له الحمد رب كثير المنن
له الحمد أوجدنا من عدم

وثنى بفضل الهدى والسلَم
له الحمد أهل الغنى والكرم

بديع الوجود منير الظلم
له الجدّ منفردا من قِدَم

قد تفارقنا ولما نفترق

قد تفارقنا ولما نفترق..
أماه إن القلب مني يحترق..

أماه إني .. ليس يغريني الغرق..
في ملذات حياة كالأرق..

كل ما فيها غثاء وغرر..
تشغل الساعي بتشعيب الطرق..

ما على المؤمن في الدين حرج..
إنما المؤمن فينا من صدق..

وتولى عن سفاهات البشر..
مخبت القلب لمولاه انطلق..

ساكن النفس بحق قد صدع..
مشرقا بالبر نورا كالفلق..

القلب في شوق إلى القرءان

الحمد لله على الإسلام
نور الهداية ساطع البرهان

القلب في شوق إلى القرءان
والروح يحييها ندى الإيمان

‏ಎ۰ಚ

الله مولانا هو الرحمن

الله مولانا هو الرحمن..
أهل المحامد والتقى المنّان

أحيا القلوب بشهره رمضان..
كالنهر أروى الهاجر الظميان

الله مولانا له الإجلال..
هو صاحب الرحمات والإحسان

هو قابل التوبات بالأسحار..
هو ساتر الزلات بالغفران

الحمد لله عظيم الشان..
ما هزت الأنسام غصن البان

سبحان من دانت له الثقلان..
حمدا وتسبيحا بكل بيان

وله تمام الفضل والشكران..
ما أبصرت نور العلا عينان

وما تلت آي الهدى شفتان..
تمحو ظلام القلب بالقرءان

تشفي سقام الروح والأبدان..
تحيي دموع التائب الأسيان

وصلاة مولانا وخير سلام..
على الصفي المرتضى العدنان

على نبي التوبة الإنسان..
ما أزهر النوّار في الأغصان

غريبان نحن بهذي البلاد

غريبان نحن بهذي البلاد
غريبان بين دروب العباد

لأين نشد خطى المستراح
وفي كل أرض ستندى الجراح

...
ولَنَّ تيممت ثَمَّ إغترار
وعهد من الذل والإنكسار

يغيبون في اللهو شطر النهار
ولو طال ليل الذنوب الكبار

وحين تحدق في تي العيون
لتبحث عن همة أو شجون

تعود وقد بخعتك الظنون
لتدرك أن قد طواها المنون

خاوية يعتريها الضياع
وتأسرها لوثة الإتباع

إذا صاح فيها دعيَّ المجون
مضوا في إثره يهرعون

عراة وفي لجة والغة
وصُمّوا عن الحكمة البالغة
...
وإن تدعهم لأتباع الكتاب
إذا أنت أهل لكل السباب

كأن ليس فيهم بيوم نزل
وأحكامه قائمه لم تزل

كأنْ نار ربك لم تستعر

لمن عاش في غفلة يفتخر

وجنته لم تزرها القلوب

بشوق تراها وراء الدروب

...

وما ضاق صدر بهم المعاش

إذا اعتاد في الليل هجر الفراش

فغايته في الحياة المعاد

ويؤرقه أن يطيل البعاد

يسأله الهدْي والانقياد

يعوذ به من شرور العباد

ومن شر نفس هواها الظهور

ويردعها عن هواها الحَرور

يُذكّرها يوم تأتي القبور
فلا تنخدع بمتاع الغرور
...
ورب رحيم كريم رضاه
لدى عبده غاية مبتغاة

عزيز حكيم إذا ما حكم
عفو على خلقه قد حلم

تسبح باسم الإله الجبال
وتسأله الخلق في كل حال

فيغفر إن شاء أو ينتقم
فهل خفت منه ولم تستقم
ففيم بربك عنه الصدود
وكيف أطلت سنيّ القعود

هو الله ... لو حقه قد قدرت
لقمت بنصب له ما فرغت

هو الله.. لو حبه قد عرفت
لما ذقت مر البعاد وتهت

هو الله .. لو تهتديه القلوب
لما زلزلتها الدنى والخطوب

هو الله.. لو اخلصت نيتك
نذرت بصبر له غايتك

عد سليم القلب تنعم بالنجاة

عُد سليم القلب تنعم بالنجاه
يوم لا يجديك نفعاً أو ضرر

غير ما قدمته تبغي الإله
خالصاً من كل شركٍ أو غرر

كن أبياً صادقاً للحق داع
آخذاً من زيف دنياك العبر

ونديا مثل أنسام الصباح
تنشر الطل على ثغر الزهر

أكرم بسؤدد أحمد من سؤدد

أكرم بسؤدد أحمد من سؤدد
فبنور سنته القوافل تهتدي

أكرم بشرعة أحمد من ديدن
فيها الدليل إلى الصراط الأسعد

الكون يعرف أننا أهل الندى
أهل الهدى والنور أمة أحمد

مهما سلكنا في البرايا مسلكا
حل الهنا فيها ورشد المقصد

يا رب إني سائلك

يا رب إني سائلك
فارحم بودك سائلك

أنت المجيب لمن دعا
أني أراق الأدمعا

أقصاه ذنب سافر
ولأنت أرحم غافر

وأتاك يعلن توبته
يا رب فاقبل أوبته

يا رب فرج كربته
وأقل بلطفك عثرته

يا رب وامنن بالهدى
فبنور وجهك يُهتدَى

وليس دونك من منى
ورضاك غايتنا هنا

✥

إن لله مآل الحال يا صاح فسلِّم

إن لله مآل الحال يا صاح فسلّم
إن في التسليم راحه

في جميل العفو أمِّل
واسأل الله انشراحَه...

ما أحلى قول العبد التائب يا الله

الله الله ...

ما أحلى قول العبد التائب "يا الله"..
حمداً لله..
ما أوسع رحمات الله ..
سبحان الله..
ما ألطف أقدار الله ..

الله الله..

ما أجمل صوت العبد الخاشع يتلو آي الله..
يستحضر قدر الله..
حبا لله..
ما أعلى شأن الله..
ما أجمل أن تحيا صدقاً، عبدا لله..

الله الله..

ما أجمل قلبك إذ يحيا في ذكر الله..
حباً لله
حمداً لله
حق والله..
سبحان الله..
ما أحلى ذكر الله

☙◦❧

فاض دمع القلب في حبل الوريد

كلنا يا صاح في ضيق شديد
فاض دمع القلب في حبل الوريد
ولدى الله فتوحات وأفراح وعيد

لو طغى في الأرض همك
بين أحراش وبيد
فتذكر
أن مولاك قريب
وهو البر المجيب

يبدئ الخلق وفي الأخرى يعيد

أليس الله فاطر كل شيء

أليس الله فاطر كل شيّ
ورب العالمين له الثناء

على نعم تفيض بكل يوم
له حمد يزيد بلا انتهاء

هو المولى الرحيم لكل حي
له قنتت ملائكة السماء

هو الكافي الحسيب لأي سو
هو الشافي العليم بكل داء

هو العاطي المجيب بكل فضل
إذا في القلب قد صدق الرجاء

يجئ العفو بالرحمات نورا
وتمحو الوهن آيات الشفاء

هو الهادي لراية كل ضيّ
وخير العيش درب الأنبياء

بهم ضاعت دروب الأرض يوماً
ولبَّى الكون أصداء النداء

بحمد الله سبَّح كل شيٍّ
له العتبى ومنه الابتداء

إذا رضي المليك فكل صعب
يهون وكل معضلة هواء...

منشأ الصبر يقين وجلد

منشأ الصبر يقين وجلد
إنما الصبر امتثال وأدب..

إن وهبت الحلم فاشكر من وهب
حاز كل الخير من حاز الأدب..

෴

يا صاحبي في عالم الأحزان

يا صاحبي في عالم الأحزان
مالي بحمل الهم عنك يدان

رحل الألى بهم الندى يزدان
وتُركت في قفر بلا خلان

فاض الأسى مني بغير بيان
قلبي أسير والمدى قضبان

لماذا لم أتُب من سوءِ حالي

لماذا لم أتُب من سوءِ حالي
ولا استحييتُ يوماً من فِعَالِي

أحلُّ وأرتحل والذنب شاني
كأن ما خفتُ يوماً من زوالي

فلم أجعل بدرب الله عيشي
ولا هذَّبتُ بالتقوى خِصالي

فكيف إذا لربي كان بعثي
عُرِضتُ عليه مُرتَعِدَ الوِصالِ

أتوق لعفوه ويجيء ذنبي
فيخزيني ويُحْدِقُ بي مآلي

...

وكيف أُجيبُ إذ يسألني ربِّي
عرفتني خالقاً لك لم تُبال

ألم أمدد لك في الخير مداً
ضننت به وقلت المال مالي

ألم أبسط لك في العمر بسطاً
فلم ترجُ وقاري ولا خلالي

وبيّنت لك الآيات ذكراً
به خبر من الأمم الخوالي

ومثّلت لك من كل شيٍ
ليهديك إليّ من الضلالِ

فلم تقرأ كتابي لم تصنه
ولا فتشت عن سبل امتثالي

وأسرجت المعاصي لم تخفني
ولا أشفقتَ يوماً من سؤالِي

لماذا لم أتُب من سوءِ حالِي
ولا استحييتُ يوماً من فِعَالِي

ميثاق البعد يطول

لا تدع الغربة تتسرب يوماً في البَيْنْ
لا أملك قلباً يتألم عمراً، من أين
من أين أَجِيء بصبرٍ يمتَّدُ لشرخ الآهات

لو تُوقِف زحف الصحراء؟
اغتال الجدب طراوةَ عَيْشِي وقافيةَ الكلمات
اغتال الجدب بريق اللُقيا
حروف الشعر
ودَنْدَنةَ الأبيات

فلتُوقف زحف الصحراء
ولترسُم بحراً نُغرق في ثورةِ غضبته
الأحزان
نتقاسم في حضن شواطئه
الأسرار
تتحرر من قيد الأسوار

أو نهراً يَسكُب سِحرَ بَدَاوتِه في كفِّ الفجر
يختال بزُرقتهِ في نحر الصخر
ويشّقُ حدود الرؤيةِ
لحناً في ثغر البسمات

فلتُوقف زحف الصحراء
لا يغدو العيْش أثيراً
إن ماتت فينا الأحلام
إن وهِنَت منّا الخطوات
وفقدنا الرغبة في الآت

للطيرِ مواسِم هِجرتهِ
والعودةُ ميثاقٌ لا يخلفهُ السَرْب

لكنَّك
ميقاتٌ في البُعد يطول
حُلمك مبتُورُ النغمات
أنسى في الحُلمِ العِلاّت
وأفيق وحيداً في الصحراء

يُؤرقني شَجنُ الأحداق
ليلي تسكنه الأشواق
والشوق خؤون...

حلمي مخنوقٌ في غمدي
وربيع العمر يزول
ميثاق الصبر يطول
وأنا في الوحدةِ كالمقتول
لو أنَّ الأمر يهون!

لكنِّي...
لا أملك قلباً يتألم عمراً، من أين؛
من أين أجيء بصبرٍ يمتّدُ لشرح الآهات
فلتُوقف زحف الصحراء...
ولترسُم للُقيَا سماتْ..

يا من مننت بمدي بعد إيجادي

يا من مننت بمدِّي بعد إيجادي
وهبات فضلك فاضت فوق تعدادي

جُدلي بعفوك عن سوئي وإرصادي
وصفات ضعفي وذنبٍ رام إبعادي

أشكو لنورك من ظلمي وأحقادي
وغياب خطوي عن هديِ وإرشادي

أمللت وهني وضقت بغيٍّ عوّادي
وأقلت رحلي لدربٍ فيه إسعادي

هذا نبي الله مسراه السما

برئتُ منِّي، من فؤادي، من يدي
إن كان في غير النبيّ ولائي
هذي فلول الأحقرين دنيئهم
يبغي المساس بأنبلِ الأسماءِ
وسميُّ طه لو تدبَّرتِ الورى
طيب يفوح بصحبةِ الأصداء
أيطيبُ عيْشي أو تقرّ جوارحي
إن رامَ ذمك حفنة الجهلاءِ
...

يا من صبرت على الأذية والعدى
وأقمت ليلك قانتاً بدعاءِ
وحملت همَّ العالمين جميعهم
كيما يرَوْا نور الهُدى الوضّاءِ
وصدقت عهد الله حين رحمتهم
وثنى عليك الله خير ثناءِ

وتآلفت بالحق فيك قلوبهم

ونشرت دين اللهِ في الأنحاءِ

وأقمت حُكم العدلِ في كل الدُنى

وبنيت للإسلام خير بناءِ

فأعزَّ ربُّك ذِكر اسمك في العُلا

سعدت به الآذان كل نداءِ

...

أين الذين تعلَّموا أو علَّموا

أدب الكلام بحضرةِ العظماءِ

هذا نبيُّ اللهِ مسراهُ السمَا

وسمات فضله في ذُرى العلياءِ

إن كنت تفقد نور شمسه في الضحى

ترنو أراك بأعين رمداء

أو غاب عنك بهاءَ سَمْتهِ في الدجى

فلأنَّ قلبكَ مُعْتمُ الأرجاءِ

صلَّى عليك الله يا علمَ الهُدى

وفُدِيتَ من روحي بكلِ فداءِ

...

يا أمة الإسلام أين جنودك

هل أنزلوا الرايات في الأنواءِ

يا أمة الإسلام أين شبابك

هل أغرقوا في لجة السفهاءِ

يا أمة الإسلام كيف نساؤك

باتت عرايا عند كل مُرائي

هذا سبيل الحق هذا صراطك

هل حِدت عنه بخطوة عرجاء

تلكم عهود الله ذاك كتابه

هل بات مهجوراً بلا قُرَّاءِ

...

قد بات دين الله منا مبرّأ

حين انجرفنا في سُدى الأهواء

كيف اشترينا بالجِنان مسالكا

يظما بها الوجدانُ كالبيداءِ

كيف ارتضينا بعد عِزةٍ تالد

شمخت بنا في ذُروة النُجباء

كيف ارتضينا أن نذلَّ وننكسر

وتغيب شمس الحق في الغيماء

ما بين قوّادٍ وطبّالٍ وبين

شيخٍ دَعِيٍّ بالصلاح يُرائي

وجموع أشباه الرجالِ ترى لهم

هِممٌ تقصر عن بلوغ رجائي

هجروا الطريق إلى المكارم نُوّماً

عن كل مَكرُمةٍ وطِيب نداءِ

قد صار قول الحق في جهر الدُنى

مثل الخَطِيِّ ووصمةُ الرُعناءِ

وغدا السكوت عن المهازل والخنى

سمت التحضّرْ.. للحياء عزائي

أهدرتم شرع الإله جهارة

وبعيد شرع الله أين بقائي

...

أو تعجبون إذا أُريد محمدٌ

بأذى أتى من ضغمةٍ جبناء

أين انتهيتم حين شرع محمدٍ

يُعدى عليه ببكرة وعشاء

أو حين بتُّم في الضلالةِ هديكم

مالٌ وعهرٌ والغُثاء غناء

أو أين كنتم حين شرع محمدٍ
بيعت به الأمصار للأهواء
أو حين قِيسَ به التحضّرُ فادّعَوْا
وغدا لِحُكمِ الله عهدٌ نائي
كيف ارتضيتم أن يباع بدينكم
حكم العبيد وللضعيف رثائي
...
فاضت عيون التائبين بعَبرةٍ
هل تطفئُ العبرات بعض شقائي
وأتت جموع العائدين لربهم
تبغي نجاة من هوى الغوغاءِ
هذي سبيل الصادقين فأوِّبوا
ولذكرِ أحمد أنشدت ورقائي
عودوا لشرعته وكونوا جنده
ولِجند رب العرش حسن جزاء
صلى عليك الله يا علم العُلا
وفُديت من روحي بكل فداء

أيها البحر قل لي

أيها البحر قل لي :
كيف يمكن أن يصبح المرء مثلك
بريئاً من كل الدماء التي أغرقها
وطاهراً- رغم كل المعارك التي تخوضه؟
...
ألا يمكن أن نحيا دون أن تُحني ظهورنا السنون
دون أن يولد في همسنا الأنين
ودون أن نزّل كل حين!
دون أن تبيعنا الحياة
ودون أن يموت في عيوننا الحنين؟؟
...
سيدي البحر قل لي :
منذ متى لم يداعب شواطئك حلم برئ
منذ متى لم يحك لك الصادقون عن حبهم
والتائبون عن ذنوبهم...؟؟
...

وقل لي :

ألا يوجد جمال دون خطيئة

ألا يوجد أصدقاء بلا أقنعة

وحكايا عظيمة بلا فواصل ساقطة؟

ෂ·ඎ

يا من دللت بطاعة في ساعة

يا من دللت بطاعة في ساعةٍ
ومللت عشرا
هل كَلَّ قلبك من تواتر خفقه
أو ملَّ مرّة؟

وهل اشتكت أنفاس صدرك وهلة
وتمردت بالحبس فترة؟
وهل تذمرت العيون من النظر
أو بدّلت بالنور كدرة؟

يا من دللت بطاعة في ساعةٍ
ومللت عشرا
هلاّ هُديتَ إلى تأمل فضله
وازددت شكرا !

يا قدس تفديك القلوب

"رصاصة في قلب طفل يبتسم"
...

فارقتكم... لكنما ...
لا زلت أحتضن الحياة
وأبتسم...
لرَصاصةٍ
ثقبت فؤادي فانقسم...

قد مات قلبي إنما
مازال طيفي يبتسم...

ويزور ذاكرة الزمان
ويرتسم
أفقاً من الأحلام
موجاً يرتطم

بشواطئ الموت الكئيب المحتدم

...

لازال في نزق الصغار طفولة عفوية
كبراءة العينين تملؤها الحياة
لا الموت يطفئها – ولا هي تنتقم
إلا بنظرتها التي ... لم تنتحب

الموت فاجئها، فماتت ... إنما
لم تهجر الحلم الطويل المنسجم...

...

ليس الأسى
فيمن ترّحل أو غُدْر
لكنما
كل الأسى
يا إخوتي
فيمن بقي

حياً تساوره الحياة لينتفض
لكنه...
ميْت يخون وينتكس
في نبضه موتٌ يَغِبُّ ويرتحل
وسطور دفتره المريضة
تنسحب
اختار أن ينسى
فلم ينس
ولن...

لأنّ لمن بصر الفجيعة
تستعر

جبل الأسى
ليست تغيب معالمه
عن فكرة العبد الشقي المنكسر
وإذا تعلل بالركون لمن غلب
ومن استلب
بهتت طيوف القدس في مطوِّيتهْ

وربوعها

ليست تحلّ لمغتصب...

...

"يا قدس أين الملتقى"

يا قدس أين الملتقى

والمرتقى

والأفق ينبئ بالغضب

والكرب في الدنيا اضطرب

يا قدس أين الملتقى

والكل بدَّل أو سكت

وأدار ظهرا أو نكث

أين الذين تبرءوا

وتحرروا

من رق أذناب البقر

لم ينحنوا

أو ينثنوا

أو يسكتوا وقت الخطر

لم يرفعوا

رايات أعداء الحياة

ولا ارتضوا بالدين إبدالا ولا

بالحق زهوا من عدم

لم يسلكوا سبل الندم

أين الذين تجاوزوا

زيف الكراسي والخطب

لم يعلنوا عهد الولاء لمن تميّع وانتكس

بَصُروا فلم يتقهقروا

لم يُقهروا

عن راية الفجر الجميل المرتقب

يا قدس أين النور في هذا النفق

والكل نافق أو وقف

حتى صفوف الواقفين تفرقت في كل فج

الكل دلس واستهان بأصل دين المصطفى
وأجاز تمييع الطريق بلا هدف

يا قدس إيهِ متى نتوب
وإليك في عِزّ نعود

يا قدس تفديك القلوب
لعلها
يوما تؤوب
وتقيم في محراب أقصاك الصلاة
وتمتثل

وتعيش للدين القويم المنضبط
دين العزيز المقتدر
لا تشتري الدنيا به
أبداً...ولا
بسواه في يوم تقر...

ثوب المذلة يا رفاق يرتقب

من دلّس التاريخ دهراً بالكذب

وأقام هيكله برجس المختلِس

من دنس الطهر الكريم

فقد تعس...

زهرة الصبّار

"هذه القصيدة مهداة لصبية فلسطينية، تشق بخطواتها الرشيقة، إلى مدرستها، طريقاً، بين أنقاض الخريطة"

...

فلتسكن أرضي
ولتسرق يومي
وتُزيِّف تاريخ الأحلام

فلتهدم بيتي
أو تحرق حقلي
ولتُهدِر قافية الكلمات

ولتخنق عصفوراً غنَّى
فوق غصوني
ولتغرس نصل السكين
في قلب شجوني
لكنك...

لن تهزمني
لن تأسر روحي
لن تكسرفي الحق شموخي
لن تغسل عاركفي بئري
لن تبرأ من نار دموعي
فأنا...

لن أمنحك صروحي
ورمادُ جرائمك سيكتب أبياتي
ودُخَانُ حرائقك سيرسم قافيتي
سُحُباً
في كل سماء...

فأنا باقٍ...
باقٍفي نبض ضميرك
في قاعِ عيونك
في أرق سكونك
مغروساً تحت الأنقاض
منتشراًفي قبض الريح

في رمل الأرض
وفي فجر الأحداق

فأنا
نهرٌ من نور
يرويه دمع مقهور
في صمت الدور

وأنا وحدي
من يملك
لون الضوء
لحن الحرف
وسرَّ صمود الشطآن
وأنا
سرب نوارِس
قافلةُ غيوم
صبَّارٌ ينبُت بين صخور
تتفتح في أفرعه - بين الشوكِ -
زهور

وزهوري

وعد مذكور

تُثمِرُ أطفالاً من نور

وصغاري...

جيشُ حياة

جندُ حبور

قلقٌ مقدور

قسم مبرور

يتغلغلُ في صوت أكاذيبك

يتسربُ في زيف خطاك

يُوغلُ في مَوْتِك

كي يعلن فَوْتَك

ويبدد أوهام رؤاك

൞·ൠ

فذاك كسب أيديكم

فذاك كسب أيديكم
رضيتم أن سيرديكم

ولم تسعوا إلى كسب
لنور الله يهديكم

رضيتم بالعمى حظاً
به الظلمات تشقيكم

فلم يرفع لكم قدرا
وضلَّ السعي ساعيكم

فلا عتبى لمن ضلّوا
ولا عقبى لباكيكم

فيا بيروت يا وجعي

(... ولبضع سنين مضين
لم تفتأ يا قلبي الموجوع
بالوهن تضوع
تصرخ وتئِّن
تصرخ وتئِّن
لم يروِ قهرك عصف الريح، ولم
لم تُطفئ دمعتُك الهم...
لله الأمر..)
...

فيا بيروت...
يا وجعي،
ويا حلماً
حكاه القهرفي قلبي
ويا حزناً
أراق الدمعفي صمتي
وفي صوتي
وفي أحداق آمالي

وتحناني

وأدعيتي

للبناني ...

أيا بيروت

هل تبكين من صمتي

وهل تشكين من ضعفي

ومن غدري

وهل تَدْمى أياديك

من الخذلان

هل تخفى معالمك

من العدوان

ونور الوجهَ والأهداب

والخالة

هل يعلوها شحب النار

كالأقمار

إذ خسفت

بغير أوان...

وأين الناس والزوار يا لبنان
هل هابوا...
وهل غابوا...
ومن في حضنك الدفئان
حكى الأشعار...

ومن تِهتِ بهم سعداً
ومن جُدت لهم كَرْمَاً
ومن في بهجة الأسفار
بالريحان ودّعتِ
ولاقيتِ...

ضيوف الدار يا لبنان
أين همُ؟
فهل رحلوا...

وهل حزموا حقائبهم
ومنك الأيد
قد نفضوا

فما التفتوا

وما وقفوا

على الأعتاب يبكوك

ويحكوك

لزيف البغي والأسباب

هل رحلوا....

ومن يبقى بأصقاعك

سوى من عاش أوجاعك

ومن أبكاه توجاعك

وعاف العار...

فيا وطناً

به أشقى إذا يشقى

به أحتار

إذا يَختال في الغفلة

وفي الغفلة

إذا يُغْتَال ...

فهل قصفوا منابرك

وهل دكوا مزارعك

وباب الدار والتذكار

والضيعة

وهل عاثت يد الاشرار

بالبيدر

ووادي الزَيْنِ

أو صَوْفَرْ

وصَفْوَ النبع في زحلة

وسهل بقاعك الأخضر

وفي صيدا

دماء بنيك هل صبَّت

ببحر النار

ولم ترحم قنابلهم

كبار الحي والأطفال

لم تحفظ

عهود الود للجيران؟؟

ويا خالة...
كيف قضيتِ ليلتكِ بذي الحالة؟
وكيف الناس
تعد لموتها الأنفاس؟

فتخبرني ...
بأن الصبر ترياق به صمدوا
وما انقصموا
وأن قوادم الأحرار
قد غرست
ببطن الأرض كالأشجار
ما انتُزِعت
كأرزٍ شامخ القامات
لم يهتز
لم يركع
ولن يهتز
لن يركع
ولن يبكي
إذا ما الكون قد بدّل

وقد بدّل

وباع العدل بالمكتل

وقد أبرم

بيوع الغبن

لم يرحم

ولم يخشع

وغاب الحق في الضوضاء

عن مسمع

فنلنا القصف ليل نهار

في مقتل...

...

فهل نغضب

وهذي الارض تبكينا

بنهر دماء

وأقصانا ينادينا

إذا ما أذَّن الفجر

وظُهرُ الناس والعَصْر

وإذ غربت شموس العزِّ والنصر

فهل عشيت عيون القوم
أم ماتوا!

فهل نغضب
وفي بغداد رايتنا
تدنسها
يد العدوان
بوهم الزيف
والتدليس والخيبة

فهل تنسى
سطور المجد في التاريخ
دعوتنا

وهل تنسى
دروب الأرض سجدتنا
وملء العين والأبصار
عزتنا
التي ذلت

لطين الأرض قد مالت

فما ملّت

رؤوس العُرب من عفن

بها يسعى

ذهاب اليوم والجَيْئَة

وهل تذكر

عيون الليل في الأسحار

أندلسي

ونور النار في أعطافها قبسٌ

يضيء الدرب للساعين

في غلسٍ...

فهل تكفي

دموع البحر لو يوما سكبناها

وهل يكفينا عصف الريح

في الآهات

لو يوما زفرناها

وهل أرويك يا قلبي
بأحزاني
لتشكوني لخلاّني
وتنشرني في عيون الشمس
أكفاني

وهل نصبو لغايتنا
إذا ما الحاكم المأفون هدهدنا
بأشعارٍ
وأشفارٍ
وأُحْجِيةٍ
بدمع القهر مغموسة
وبالتزييف مسطورة

وهل نصبو لغايتنا
إذا غبنا
عن الدرب التي رُسمت
لعزتنا
إذا بعنا

عهود الله بالبخسِ
وقد عدنا
بذلة ربحنا النحسِ
وباللَبسِ...

وهل نصبو لغايتنا
بفرقتنا
وضيعتنا
بترك الغاية المثلى
لغايات مشتتة
مبعثرة
بدرب الذل مغروسة
وبالأسقام مسقوفة
وللتضليل مرصودة
وهل نصبو لغايتنا
إذا باتت أيادينا
بوهم العجز مغلولة

وهل نصبو...
إذا باتت عزيمتنا
بسوس الخوف
منخورة
وأرجلنا
عن الغايات قد شُلَّتْ
وما عُلَّتْ...

وهل نصبو لغايتنا
إذا ضاعت شريعتنا
وبدَّلنا
وآخِرُ سَعْيِنَا أنَّا
تهاونَّا
فقد هُنَّا

لرب الملك والملكوت أشكوني
وأشكوكم

෨·෮

الصمت أبلغ من كل كلام الشعراء

الصمت أبلغ من كل كلام الشعراء
وصوت بكاء جرحانا على الأنقاض
تغنينا
عن التوصيف

وجثة طفلة ماتت
جدائلها بلون الدم مزدانة
تصوغ الكفر عنوانا
لهذا العالم المغموس
في التزييف والخيبة

فكيف سنحمل الأوزار
في صرة؟
وكيف الغصة المرة
سنمحوها بفيض الدمعة الحرّى؟

وكيف سنكتب الاشعار
وكيف سنرفع الأعذار
لرب الناس والأمصار
وقد ضيعنا ما ضيعنا بالجملة ...

فيا لله ما مر بدرب القلب من قهر
ويا لله ما حاق بأهل الحق من كمد

ويا لله ما بحنا به خجلى
وما قلناه في عجله
وعدنا نأكل الغفله
وملء العين تغشانا
سِنات القهر والذله

لرب العرش شكوانا
ببلوانا
ومنه العون والمنة...

وانفرادي بغير سوء جليسي

وانفرادي بغير سوء جليسي
قد يطيل عن الرزايا غيابي

ويزيد من اقترابي لربي
صاحب من نيِّراتِ الكتابِ

وتكون وحدتي من غير صخب
جُنَّة من صحب سوء الصحابِ

والبصير الأريب في الخلق يصبو
لانتقاء الطيبات الخطابِ

وسطورٍ تزيد في الخير فضلي
بحروف لهن هدياً ببابي

ورفيقاً ينير ليلَ حبوري
ينتقي من مفردات كتابي

يستقدح الحرف فكرةً وجمالاً
مؤنساً وحدتي في اغترابي

طاغوتٌ بغير الهدي يهدي قومه

طاغوتٌ بغير الهدي يهدي قومه
وبغير شرع الله فيهم قد حكم

وبِشِرْعَةِ الطاغي الدَنِيِّ بأرضهِ
قد سيق للقتل ولم يؤتَ السَّلَم

وإن تبدَّى موته عَرْضا لمن
عشيت بصائر قلبه وسط الغَمَمْ

قهرا لمن؟ وبأي ظن؟
والكل أحنى عزمه بين الهمم

وبكل يوم ألف طفل نافق
وبكل شبر يشتري ضيق وهمّ

فلمن ستهرق دمعتك؟ ووجيعتك؟
ولمن ستحكي عن غَيابات الظُلَم؟

ألمن أضاع الحق في ضعف اليقين؟
وظن أن الجُعْلَ يرتادُ القِمَمْ؟

شرُّ البريةِ يا صديقي من جحد
ربا عليا واحداً، لابد يُعلى شرعه فوق الأمم

بلدا أبياً مجده ضاع بتضييع الكتاب
فصار مرتعةً لذئب قد توقته الغنم

غشيته غاشية الفتن
وتجددت فيه امتحانات الألم

والكل يهذي في طريق الفَقْد
يفتقد التأدبَ والتبَّصُرَ والندم

يا رب قد وهنت قواي

يا رب قد وهنت قواي
وأثقلت قلبي الذنوب
ولم أكن بدعاك يا ربي شقياً

يا رب فاهد القلب من غفلاته
لك كي يتوب
ولا يكن
في الأرض جباراً عصياً

وأعدني يا ربي لدربك في الدروب
ودلني
لك كي أعود
موحداً
صادق الوعد أواباً تقياً

فلا تساورني بإيملني الشكوك
ولا تزلزلني الخطوب
وإليك أدعو صابراً حراً أبياً
...
يا رب إنك قد أفضت بمنتك
للمؤمنين
بصائراً من رحمتك
وجعلتها نورا على الدهر سنياً

وجعلت ذكرك هادياً لمن اتقاك بقلبه
فإذا تذكر خاشعاً عاد مهدياً نقياً

وهديت ديناً قيماً
صفحاته البيضاء ناصعة جلية
تهدي بها سبل السلام
لمن ارتضيت رفعته فوق البرية مؤمناً براً حيياً

أنت ولي المؤمنين هديتهم
لضياء نورك كي يقيموا الدين في الأرض مرفوعاً علياً

وقضيت بالحق المبين لمن هوى

وتولى دونك من طغى

فإلى الظلام قد اهتدى

ويصير أسفل سافل في الخلق مخذولاً دنياً

يا رب إن الحق أمرك والهداية منتك

ولا دليل إلى السبيل

بغير آيات الكتاب المحكمات لمن سأل

سبل الهدى

موقن القلب صدوقاً تقياً

يا رب فاهد القلب من غفلاته

لك كي يتوب

ولا يكن

في الأرض جباراً عصياً

وماذا بعد يا غزّة

وماذا بعد يا غزّة...
ونار البغي ملتفّة
وقد مالت بنا الكفّة
من بغداد للضفّة
وفي أصقاعنا شتّى
فما من ثائر يثأر
وما من قائل وفّ
...
وماذا بعد يا غزّة...
وقد فاضت
دموع العزفي دارك
وسارتفي
فضاء الأرض أخبارك
وقد فضحت
دِماكِ سوء أحوالك
فلم يعبأ بها جارك

ولا واساك في العدّة

...

وماذا بعد يا غزّة...

فؤادي اليوم يبكيك

وصوتي ليس يشجيك

فما أوفيتُك عهدا

ولا أخلصتُك نصحا

ولا ساندتك كفاً

ولا جاوبت شاكيك

...

وماذا بعد يا غزّة...

ودمعي ليس يرضيك

وقد ناءت أراضيك

بآلامك

ولم أَسْطِع

تجاوز ليلنا الحالك

ولو أشفقتُ من حالك

فكيف الدمع يشفيك

إذا ما جئت أبكيك

وما آزرتُ ساعيك

ولا قاطعت باغيك

وعاديك

وما نابذته فعلا

ولا قولا

ولا أوسعته ضربا

ولا جهدا

ولكن خنتك نقدا

وتطبيعا

وبعت ذمامك شجبا وتنديدا

وتقريعا وترقيعا

وتفريقا وتلفيقا

وتدنيسا وتدليسا

وتقريرا وتبريرا

و...

وماذا بعد!

وماذا بعد يا غزّة
رأيت ربيعك يذوي
ونزف جروحك يروي
لهيب العار
وقهر بناتك الولهى
يهز قلوب من ولَّى
ليوقظ غضبة النخوه
فلا مِن سامع أوعى
ولا مَن ثار

ونزف صغارك الجرحى
يصافح أعين الخونة
وذعر الموت يقتلهم
ويُبكِيهم
ولكن
ليس يُقْصِيهم
فهم أوتاد آمالك
وفيهم شمس آصالك
وفيهم نبض أحجارك

وتدوينات أبطالك

وأشعارك

...

وأين القدس يا غزّة؟

متى تشرق

شموس النصر والتمكين والمنعة

على بوابة الأقصى

أين قوادم الأحرار يا غزة

أين جحافل الثوار

والأنصار

وأين الدين والإيمان والعزة

وأين وأين يا غزة

وكيف قلوبنا شتى

بلا زاد من التقوى

ولا حظ من الأنوار

...

وماذا بعد يا غزّة...

وقد ضلت قوافلنا
ولم تحمل كواهلنا
عهود الدين والتوحيد والملة

وقد خابت شواغلنا
حتى ساد غافلنا
وبات الكفر حاكمنا
بنبذ الشرع والتبديل
يحكمنا

فلم نردد له حكما
ولم نكسر له حرفا
ولا طرْفا
ولم ننكر له بغيا
ولا زورا
ولم نهدم له قصرا
ولا سورا

كأنّا ما وعينا الدرس بالمرة

ولم نقرأ كتاب الله بالمرة

تناوشنا

كراسي السلطة المرة

وبعنا مجدنا طرا

ولم نصدع لرأب صدوعنا التترى

ولم نتبع أوامر ديننا الأسنى

فلم نسلم له وجها

ولم نرفع به رأسا

ولم نصلح به نفسا

ولم نذعن لرب الناس إخلاصا

ولم نعلن كتاب الله نبراسا

ولم نرصد جيوش الحق مصداقا

ولم نعدد لهم عدة

وكيف نعدّ في الشهداء موتانا

ولم نشهد

وكيف يئن في الليلات أقصانا
ولم نسمع

وكيف نعدها العدة
إذا في الأصل لم نبرأ
وللطاغوت لم ندرأ
ولم نختر
طريق النور والإيمان والفطرة
طريق القلب إذ يصفو
وإذ يخشع
وتحيي نبضه الذكرى
...
وأما بعد يا غزّة..

فلست أنت نكبتنا
وقد وهنت عزيمتنا
هجرنا درب عزتنا
ولم ترشد مساعينا

وصار الوهم والتقليد منهجنا
فأردينا
وقد عشيت بصائرنا
ولم تُسلم دواخلنا
وصار الجهل والتفريق يسبينا
فدمع العين يخذلنا
ولغو القلب يعمينا

حتى بات داعي الحق والتوحيد
منبوذا
ومخذولا ومردودا
ومتهما ومرفوضا

وباتت عزلة الأخيار مأمولة
وقد صارت ديار الأرض بالتدليس
مأهولة

بزيف الغرب مفتونة
وعن مولاها مشغولة

وقد جالت بها المحنة

وأذكت نارها الفتنة

فلم تَسمَعْ لذي حكمة

ولا نَظرَتْ لذي فطنة

وما رجعت لدين الله مذ غابت

وقد تاهت

وما آبت

...

وأما بعد يا غزّة...

ولم ننصفك بالمرة

وكنا بنصرك أولى

ولكن

حسبك المولى

له من حالنا الشكوى

وفيه رجاؤنا الأبقى

برفع المقت والبلوى

وعودة ديننا الأسنى

يضيء قلوبنا الحيرى

ويهدينا له دربا

ويرضانا له حزبا

هو معبودنا الأوحد

له الرجعى

وفي رحماته المأمل

له العتبى

وفي منهاجه الأصفى

طريق النصر والتمكين والمنعةْ

ومضيت في لجج الحجيج ملبيا

أرأيت إذ سمع الكريم دعائيا
ومضيت في لجج الحجيج ملبيا

ومكبرا ومهللا ومبكّيا
متأملا متدبرا مسترضيا
متجردا متندما متذللا مستخفيا

يا رب جئتك ساعيا
عبدا ضعيفا خاويا

هذي ذنوبي أقعدتني شاكيا
يا رب فارحم ضعفيا

واجعل فؤادي مخبتا مستبشرا
مستبصرا متوكلا
في كل آنٍ مصبحاً أو ممسياً
ولآي ذكرك تاليا

لك خالصا بك ساكنا

ومن الدنايا والرزايا خاليا

واجعلني يا ربي بدينك قائما

لك مفردا بك شاهدا

ربا عزيزا واحدا

فوق البرايا عاليا

مستعليا

يا رب أصلح باليا

واجعل كتابك زاديا

واجعله نور بصيرتي

واجعل بذكرك أُنسيا

يا رب يا من باسمه ضج الحجيج

ملبيا

الكل يلهج باسمه حبا ورهبا

داعيا

أنت الذي أطمعتني
فأتيت أشكو حاليا
وطرقت بابك راجيا

أقررت بالتقصير والتقتير يا مولاي
فاجبر كسريا
وأتيت كالحيران في البيداء كلّاً ظاميا
أنت الغنيّ عن السؤال
وأنت تعلم ما بيا

يا رب فاجعلني صدوقا خاشعا مترضيا
بك هاديا بك صابرا لك ماضيا

يا رب أعتق من جهنم
وجهيا
واجعل كتابك حصنيا
وحياة قلبي في دعائك
خاليا

෩·ඥ

يا بنت يا أم الضحكة تملى الكون أمل

يا بنت يا أم الضحكة تملى الكون أمل
والدنيا نور...
نازلة تهتف في الميدان
في قلبها حلم وأمل
عمره من عمر الزمن
مليان معاني مش خيال
مليان إيمان
مليان جمال

وتقول كمان
النور في يوم لازم يبان
والحق في
آخر الطريق
لابد يفرض كلمته
لابد يملا الكون أمل
يملاه سلام
يقوم في لحظة انتقام

يغتال حياتها في الميدان
واحد جبان
يا بنت يا زينة البنات
يا اللي انتِ أشجع من الرجال
في زمن سجال
قاعدين يلِّتوا في الكلام
من غير فعال

نامي في أمان
واطمني
الخير لابد في يوم ما يفرض كلمته
والخير ميزان
ما حد يقدر يغلبه أو يطمسه
أيا ما كان
ومهما حاول ينكره
لازم يبان
نامي في أمان
دمك قدر
ما يروح هدر

روحك بتهتف في الميدان

الحق دايما سكته نصر وسلام

والغدر بور

ومالوش في نور الكون مكان...

صباح الود والآمال والورد

صباح الخير يا قلبي

ويا تعبي

ويا حلمي

ويا وَصَبِي

صباح المجد والأوطان

مسلوبة

وأرض الله بالأنواء

موعودة

صباح الخير والطرقات

مشغولة

بود الناس والأنفاس

مأهولة

وشمس اليوم

منشورة

تداعب خضرة الأغصان
عصفورة
تمشِّط ريشها المُزْدَان
بالألوانِ والألحانِ
مسرورة

صباح يمامة جَذْلَى
تزور الدار من فترة
وصفو القلب إذ يسعى
لرزق الله لا يخشى
سوى مولاه
لا ينسى
دعاء الحمد للنُعْمَى
ورب الملك لا يُنسى
ولا يُعصى...

صباح الوِجدِ
والتحنان
والسعدِ

صباح الود

والآمال

والورد

وتندى من عيون الغيم

دمعات

تنام على سطور العشب

ساعاتٍ

كماسَاتٍ

بلون النور مفتونة

وزهراتٍ

تغازل شمس حارتنا

وجارتنا

بلون الزهر مختالة

تدندن في زوايا البيت

محتارة..

وريح تحمل الأحلام

من قلبي

تمرُّ على أنيس الروح

من دربي

تُذكِّره

براياتي

وتحمل سرَّ رَوْحَاتِي

وغُدْواتي

وجدول موعدي الآتي

وترسُم في ابتساماتي

حكاياتي

فهل أصبو لغاياتي

وهل يأتي !

...

صباحاً يملأ الأعماق

آياتٍ

يسافر في مدى الآفاق

محبوراً

يداوي القلب مهماً بات

مقهوراً

ويمسح دمعةَ الآسِي

من الناسِ

ويطلقه

كهمسٍ في طريق الريح

منثوراً

كتسبيحٍ

وترجيعٍ

كصوت حمائم الأبراج

محبوراً

صباحاً ينكر الأحقاد

يخبرنا

بأن الجوهر الأحلى

هو الأقوى

هو الأنقى

هو الباقي

بأن الأجمل الآتي

هو المولود في الأكوان

منذوراً

بميقات

ضياءً في الملماتِ

صباحاً يحمل الأشواق للعشاق

مسطورة

بلون البحر في الأحداق

محفورة

وبالآمال ممهورة

وأسطورة

لليلٍ طال في الأحزان

لم يجرؤ

بمدِّ خطاه

أنملة

إذا ظهرت

جنود النور في الصورة

فكيف أَبِيتُ مقهورة

ويا وطني

متى تبدو...

جنود النور في الصورة!؟

☙•❧

رُبّ كرب زادني وصلاً بربِّي

رُبّ كربٍ زادني وصلاً بربِّي

وابتلاء ساق لي بالذكر قلبي

عائداً من تِيههِ في كل دربِ

بيقين يستقّرُ لديهِ قربي

في طريق الله لا أشقى بوصبي

ولا تنازعني الخطوب يقين قلبي

بانياس.. وماذا أنتم فاعلون؟

هذه زينب أختك

أكل البارود من وجهها المشرق شقا

وأبقى منه شقا

أتراها؟

أترى صرخة فاها؟

هل ترى؟

تلك درتها ثريا

هل ترى وجه الثريا؟

لم يرتد الموت في الماضين وجها كثريا

في وشاح أسود اللون قد قُتلت ثريا...

هل تلك صفية؟

انتظر..

انظر مليا

دقق الطرف شقيا

لا تشح وجهك عنها
كنت مثلك
من ليال
لم أع فيها مقالا
وإذا بالجرح يكبر في ضميري
بدد الجرح سكوني
وأتيت اليوم كي أحصي شجوني
لم يكن دمعي سخياً
لا
ولا كان نحيب الحزن في الموت شجياً

هل ترى مثلي علياً
كان بالأمس صبياً
يملأ الحي حبوراً
وسروراً
طمس الدم قميصه
غير أنه
لم يزل في زرقة البحر ريانا نديا
رأسه المثقل غطى رأس محسن

وأبوه

وسط الموتى جواره

يتفقده كما يتفقد المرء بداره

فقدوا الروح سويا

وعشيا

لن يعودا

لم يعد في الدار حي كي يعودا

هل ترى تلك الصبية؟

لست تدري من تكون؟

وأنا مثلك أيضا

لست أدري من تكون

لا سبيل لي لأعرف من تكون

رأسها ليس هنا

وأنا لست هنا

ولا أنت هنا

شقك المذبوح لم ينزف دما
وجع يقتات من موت القلوب
ليس فينا من يتوب

كومةٌ
من كرام الخلق مهملة مهانة
بلا أي مهابة
كأنها محض كُناسة
فعلى الدنيا السلامة

ما أقول؟
ليس عندي ما أقول
هاكم الصورةُ تحكي ما أريد
لا وربي ما أزيد
ليس فيكم من رشيد!

والقدس لا زالت أسيرة

هذا الصباح..

وجع يراود دمعتي

والدمع يختصر المسيرة

والقدس لا زالت أسيرة

في أسرها

تبدو جميلة

تشرق الأقمار عن أبوابها

والشمس في الأقصى حسيرة

وأنا الكسيرة

وحدي أحدق في الطريق

أسمع الآهات لكن

لا أجيب

لا شيّ عندي به أجيب

سوى النحيب

إيه يا أسماء لو تدرين كم هو آسف

قلبي الحزين

لو تدرين كم أشتاق أن أرفع رأسي

فوق أوجاع السنين

أن أبدد في شروق النصر بؤس العالمين

أن أشاهد في ضمير الأرض عز المسلمين

أن يعود الناس للدين المكين

يملأ الدنيا سلاما

لا يذل ولا يهين

لا نعدل الدنيا به

وبنوره أبدا ندين...

أبكي عليك يا مصر السلام

أبكي عليك يا مصر السلام
أبكيك يا مصر الجمال

حل بالدنيا الصباح
وأنتِ في ليل الشقاق
تشكين من كيد النفاق

يا مصر أدمتك السهام
ويهز ساحتك الكلام
نار ضرام
وسمٌ زؤام

يا قوم كفوا عن الكلام
وأنزلوا سيف الملام
وفوتوا كيد اللئام

ما بين باغ أو عنيد
أو جاهل يعلي الوعيد
أو طامع يبغي المزيد
ضلت الناس الطريق
وتصدعت لغة البيان

يا مصر يا وطن المحبة والأمان
يا مصر يا رمز السلام

أبكيك يا زهر الجمال
أبكيك يا حصن العروبة
يا مصر يا أم الكرام
الكل حولك في انتظار
الكل يرنو كي يراك في انتصار
وليس في الدمع اعتذار

يا مصر يا خير الديار
قومي انهضي وتجاوزي شوك العثار

واستفتحي
كي تفتحي التاريخ بعد الاندثار

يكفينا يا مصر انكسار
فتحرري كي تكسري إرث الصغار
كي تشرقي كالشمس نوراً في الجوار

يا مصر طال الانتظار
لازلت أحلم بالنهار
يا مصر ما لك من خيار
إلا صراط الانتصار

يا مصر لا تتراجعي
فالكل خلفك ينشدون الغيث في زمن البوار

يا مصر يكفينا انكسار
ففتشي لنا عن مسار

تنقلت في الأحوال حتى علمت

تنقّلتُ في الأحوال حتى علمتُ
أنَّ حالاً رجوت منها خلاصي

وأَعقَبَتها الكروب عندي وددتُ
لو عدتُ فيها كأن فيها خلاصي

أبيات تمنيت ألا أكتبها

هَب أننِّي...
نزعتُ كل سلاسِلَكْ
وكسرتُ قيدَ المِعصَمِ
وسحبتُ كل جحافِلي
وفتحتُ أبوابَ القفصْ

وأتحتُ لَكْ
بَوْحَ الكلامْ
وجناحَ طيْرٍفي الأُفقْ
أتُراكَ تجنحُ للسكوتْ
وتعودُ ترفلُ في القيود
وتُعِيدُ لي
جيْشِي ومِفتاح القفص؟
...
وتُريدُني أنْ أُعْلِيَكْ
أن أُصدِّقَ دعْوَتكْ
أن أشهد المجد العظيم

لعيون قطعان الغنم!

ولا يُساوِرُني العجبْ؟

...

لك العجبْ...

كل العجبْ...

يا زماناً من تعبْ

كم أتمنى

لو أتمنى...
كم أتمنى...
لو أحمل قلبي قنديلاً
في عتمة درب لو طال

بسمة تتمدد في وجه الأحزان
أو نسمة صيف
في ليل الخوف

نهراً من ريّ وتألّق
في زمن الجدب
كفاً ممدودة
في ساعةِ عوز

أنساً في الوحشة
سعةً في الضيق
ولدرب الغرباء رفيق

كم أتمنى..

لو أنشر فرشاتي

فوق هموم العالم

كي أرسم للكلمات عيون

كي أرسم جنّة

يتمدد في سندسها الأخضر

نهرٌ من نور

ترويه في الفجر غيوم

تملؤه وداً وسمات

من عشقٍ وعطاء

يتبّسم في صفحتهِ قمر الليل

وتكاشفه السرّ نجوم

لو أرسم جنّة...

تنغرس فوق حصاها

زهور حبور

وبيوتاً من بلّور
وطيوراً تشدو فوق غصون

وقلوباً
لا يسكنها الزور
تعرف كيف تحب وكيف
لأجل الحق تثور

☙❧

فوق سطح جار الحبيب

فوق سطح جار الحبيب
شتلة ريحان بُنِّي
طلِّت لنور الحبيب
قبل العيون منِّي

وكل يوم في الصباح
تبعت له أنسامي
يا ليتني لحظة سماح
تصفى لي أيامي

وأبات في قرب الحبيب
أروي الفؤاد منّه
فوق سطح جاره القريب
لِيتني بدل منّه

ما اشوفش في الليل ظلام
لو مر من جنبي

أحكي له من غير كلام
عن شوق ملا قلبي

ليته في وسط الجراح
يفتح لي شباكه
ويخلّي قلبي البراح
يحكي له أشواقه

نور الحنان في العيون
يملاني حنيه
ما تكدّبوش الظنون
والبعد مش نيّه

فوق سطح جار الحبيب
فيه للحمام غيّه
تسجع بهمس عجيب
للود غنيّه

وأنت جمال فوق جمال دون جمال

سأحدثكم
عن أم جمال
أم جمال...
ما أم جمال!

أم جمال:
امرأة كالحة الحال
لكن...
راضية البال
لا تشكو من أي ملال
لا تطلب فضلا من مال
لا يجرح كفيها سؤال
...
ولأم جمال
في ناصية البِرّ خصال
قصرت عن مطلبها
أعناق رجال

فاضت حكمتها عفوا
عن كل مقال
فأفاضت دمع محدثها
من غير جدال
...
ولأم جمال العمياء
قلباً...
لؤلؤةً بيضاء
ميموناً... رغم الأدواء

لا يعرف إلا الشكر دوا
لا يحمل غِلّاً أو حقداً
أو جَهْدَ عناء
لا يجهر أبداً بالآه
لا يضجر هجر الأبناء

يلهج بالحمدِ تباعاً
صبحاً ومساءْ
حمداً لله ...

لله الحمد

صبحاً ومساءْ

ورضاه

في كدر الأنواء رداء ...

من يحيا معك يا أم جمال؟

- الله معي

لم يتركني

أبداً

لا يتركني

إني معيَ الله

حمداً لله ... لله الحمد ... حمداً لله...

وكيف بلاؤك يا أم جمال..

الله تعالى يبلوني بيسير بلاء

ووشيكاً يرفعه عني بجميل شفاء

فالله تعالى يكلؤني

لا يتركني

أبداً

معيَ الله

إني معيَ الله

حمداً لله ... لله الحمد ... حمداً لله...

ما شأن بناتك يا أم جمال

ألا يأتينك ليتفقدن الحال

- بناتي ؟

أربع

في عاصمة المصر تعشن

وتعافرن الكدَّ

كيف يجئن؟

وهنَّ في وهنٍ وسجال

يرعاهن الله..

وأنا معي الله

الله تعالى يكلؤنا

هو خالقنا

لا يتركنا

إني معيَ الله

حمداً لله ... لله الحمد ... حمداً لله...

وجمالٌ يا أم جمال
- جمال...؟
ولدي
هو ولدي
ووليدي.. جمال

أو يرعاك يا أم جمال؟
سكتت حزناً أم جمال..
ثم نبت بأعف لسان
"ربنا موجود"
هو أهل الجود
الله تعالى يرعاني
ويكلؤني
إني معيَ الله
حمداً لله ... لله الحمد ... حمداً لله...

يا أم جمال:
فأين النفقة؟
فأجابت حدباً في الحال:

عشر جنيهات من مسجد بلدتنا
وخمسة أعشار خضر
من ضيعة مصر
تكفيني
وتزيد الشكر

ست عشرات يا أم جمال
ما تفعل ستون جنيهاً
في الزمن الغال؟

فتعلمنا أم جمال:
كان رسول الله
- عليه صلاة الله -
قنوعاً..
والخير رفيق
وقريب
من كل قنوعٍ شكار
أما أصحاب رؤوس المال
وأرباب الأعمال

وكل غني متعال

ففي حال بطّال

وأنا.. تكفيني تلك النفقة

غذاءاً ودواءْ..

بل تكفي وتفيض..

هي خير ورضاء

والشكر هناء

حمداً لله .. لله الحمد.. حمداً لله..

حمداً لله المتعال

في أية حال

إيهٍ يا أم جمال

ما أحمد حمدك

ما أحسن صبرك

ونقاءك

ما أعظم قدرك

إيه يا أم جمال

وأنت جمال

جمال من دون جمال فوق جمال
ما أجمل قلبك
ما أجمل أدبك
ومقالك
ما أحسن
ما أحسن حالك
وما أهنأ بالك يا أم جمال...

إيهٍ يا أم جمال
وأنت خازنة الأسرار
سَمِلَت عيناك، ولكن
أبصر قلبك ما عشيت عنه الأبصار
أُودِعت نور الأبرار
ورضاهم بالله الغفار

طفلٌ عُريان

طفل عُريان
يحمل طفلا ممروضا بوباء قاهر
عُريانا قد سقط دثاره
تلتهم عيون المارة وجه الطفل البائس
والطفل البائس
يستجدي عونا
ليناوله أحد الركاب دثاره
كي يكمل سيره
ويبلِّغ للمشفى حمله
لكن..
لا أحد يساعد

...

يا مدن القسوة

...

أرأيتم قبلا
ملكاً يستجدي من خبز

كسرة

أميراً

تغرورق في عينيه

من خزيٍ

عبرة

ملك معزول

والليل يدول

وكذلك ملك الناس يزول

...

فيا من

صدئتم فوق كراسي السلطة

وأبيتم إلا نبذ الخلطة

ويا من

أذكيتم جمر مباخركم

بدماء الفتنة

وغرستم راية ساريكم

في جثث النخبة..

أين خراج الأمة؟!

...

أرأيتم قبلاً..

لصاً يبني في عين الشمس عروشه

ويقرر من وهم الأمجاد شروحه

يكذِب تاريخاً ليبرر للناس شروعه

وقحاً

لا تثني الأحوال جنوحه

يأبى

إلا أن يحكي النجم ذيوعه

كي يسكت للعزة جوعه...

...

فيا من

أُورِثتم ذل ملوك الطين

أفلستم من شرف ويقين

ونسيتم كل عهود الدين

أين حقوق المنسيين

أين حقوق الأمة؟!

...

أرأيتم حال الأمة:

طفل عريان..

يحمل طفلا ممروضا بوباء فاتك

عريانا قد سقط دثاره

تلتهم عيون المارة عاره

والطفل يئن

من برد الجوع ووجع الخوف

يئن

يستجدي عونا

ليناوله أحد الركاب دثاره

كي يكمل سيرا

ويبلغ للمشفى حملا

لكن..

لا أحد يساعد

لا أحد يساعد

لا أحد يفيق

من وسن الموت الأدنى

لا أحد يفيق

أفق الأحلام يضيق

وسكون الأشجان رفيق

ولا أحد يفيق..

إن حباً يزيدفي كل يومٍ

إن حُباً يزيدُفي كل يومٍ

لَيفيض عن طاقة الكتمانِ

فكيف يا قطتي سوف أُفضي

لرفيقي بمهجتي وحناني

كيف أحكي لليلهِ عن شجوني

بحروف يعزُّ فيها بياني

وكيف يا صاحبي كنت أمضي

سائراًفي وحدةِ الحيْران

أسأل الله أن أراك وآمل

أن الذي قد براك مِثْلاً براني

أضرب الذكر عن فؤاديَ صفحاً

موغلاًفي غربةِ الأقران

أُطَبِّبُ الناس بالوِدِّ أنسى
في ازدحام القلوب قلبي وشلني

مخفياً دمعتي عن كل عينٍ
شادياً بالليل وحدي أعلني

ومَررَتَ بدربِ روحي لتغدو
يا رفيق الفؤاد نور جِنلني

كيف أُوفي إلهَنَا فيك شكراً
أنْ لفضله بلقاءك قد حبلني

....

إن وِجداً يفيض في كل حينٍ
من رفيقٍ إليه ربِّي هدلني

يملأ الروح غِبطةً وسكوناً
وشجوناً يغيض فيها لسلني

وحبيباً تقرُّ عيني بوصله
حامدا ربه إذ بيومٍ رآني

نذكر اللهفي اللقاء ونشكر
أن لنيل رضاه بعنا الأماني

مُبحراًفي سكون ليلِ الحَكَايا
حادِياً بالنيِّرَاتِ الحسانِ

مُثقلاًفي الروح من كل عبءٍ
طاوياً بالصبرِ وهناً يعاني

يطلب العلم لا يكلُّ ويسعى
مُوليَاً وجههُ شطر تيك الجنانِ

آخذاً باجتهادي إليه لأعلو
في مراقي السماء حدَّ العنانِ

شاحذاً هِمَّتي مخلصاً في شئوني

مفعما بالعطاء نوراً يراني

...

يشتكي من طول صمتي ويأبى

أن يقيل عثرتي في البيانِ

لو دَرَيْتَ ما في فؤادي رأيَتَ

منطقي والصمت فيك سيان

أنت نعمةٌ من لطائف ربي

نفحةٌ من رحمة المنَّانِ

أَشْرَقَتْ في ليل قلبي نوراً

يعيده من خطوه الحيران

كيف نوفي إلهنا الحمد شكراً

أن براك على وصفك وبراني

وبلُقيا القلوب من بعد بُعدِ
قد حباك بوصلنا وحبلني

☙۰❧

هو الجرح الذي لم يندمل

هو الجرح الذي لم يندمل
وتنكؤه الحوادث كل حين

هو الحلم الذي لم يكتمل
وباعته الأمالي للأنين

هو الشوق الذي لم ينطفئ
لم تشفه اللقيا ولا التئم الحنين

هو الدمع الذي لم ينكفف
لم يرو ضيَّ الياسمين

هو الحب الذي لم ينثلم
هو القلب الذي ثكل الجنين

هو حال بلدتنا الحزينة كل يوم
هو فجرها المفقود في كرب السنين

هو الظلم الذي جاز المدى
هو الهمّ الذي أندى الجبين

هو الحزن الجديد هو القديم
هو الألم الذي قطع الوتين

هو الجسد المغطى بالبياض
وجع يذيب العارفين

※

في سكون الليل يشجو

في سكون الليل يشجو
كأنه شاك نبيل

هيج الأشجان مني
صوته الباكي البليل
...
كلنا يا طير مثلك
يرتوي فينا الحنين

يستعيد الأمنيات
ليلنا الساجي الطويل
...
كلنا يا طير مثلك
في مدار سابحون

ليس في الدنيا مكان
لسلام أو سكون

نحن فيها عابرون

نرتجي نور اليقين

...

لسنا إلا فيها نرجو

عفو مولانا الكريم

باسمه الأطيار تشدو

وحده البر الرحيم

☙ ❧

الحمد لله الذي برانا

الحمد لله الذي برانا
وهو الذي من طينة سوانا

الحمد لله الذي يرانا
وبحفظه في حرزه يرعانا

الحمد لله الذي أغنانا
عن سؤل كل الخلق قد كفانا

هو ربنا وملكينا مولانا
ولنوره وبهديه مسعانا

رمضان يا شهر الضياء

رمضان يا شهر الضياء
والشوق ممتد إليك

وتغرد الأرواح جذلى
والعين رانية إليك

كي تبدأ الدرب القلوب
وتهجر الجفو لديك

൞⋅ൠ

بذكر الله أنسى كل بؤسي

بذكر الله أنسى كل بؤسي

وتندى بالهدى كل القلوب

وأتلو في سكون الليل وردي

أناجي من له تفضي الدروب

أُريق على رصيف العمر دمعي

وأرجو من له تُشكى الذنوب

إلاهي لا تؤاخذني بضعفي

وثبتني بفضلك في الخطوب

وهبني من لدُنك لسانَ صدقٍ

وقلباً ذاكراً بين القلوب

فلا يرضى الحياد عن المحجة

ويحيا للهدى وبه يؤوب

لا تقل بأننا على شفا انحدار

لا تقل بأننا على شفا انحدار
لتعلن القرار
أنَّ عليك الاختيار

بل إنني أعلنها صريحة في مفرق النهار
لا...

لستَ ملزما بالاختيار
وما تراه أنت درة انتصار...
أقرأه أنا انكسار!

ما حيلتي وأنا الجريح؟

الحزن يملأني أسى
ويسد عين الشمس في وهج النهار

ما حيلتي...
وأنا الجريح
والناس تبحث عن طريق

ما حيلتي
والليل طال
وليس في الأفق انتصار

وجلست في ليل السفر
وحدي لأحكي للحجر
فإذا به وقد انفطر

وإذا الحجر
أرق من بعض البشر

وإذا به يشكو معي
من كل قلب قد كفر
ولربه ما قد شكر...

൞۰ൽ

تمر بلطف الكريم الكروب

(*هذه قصيدة ثنائية مجمعة من عدة مراسلات وكل ما بين القوسين مسبوقا ب# ليس من نظمي، بل من نظم زوجي، وقد ترددت كثيرا قبل وضعها، لكن عسى أن يكون فيها نسمة طيبة تنفع الطيبين والطيبات بإذن الله)

* أحبك عند اعتناق القلوب

على البعد رغم دروب السفر

أحبك عند ائتلاف النفوس

تسبح بالحمد رب البشر

....

(أحبك والصبح إذ يستبين

بنور سناه الربي والزهر

أحبك والنور لا يستوي

وليل ثري مهما افتقر

نقارب والطيف إن مسنا

كان الدواء له أن ذكر)

...

* أحبك عند انسحاب السحاب

رويداً فتجلو شموس البصر

تمر بلطف الكريم الكروب

ويشرق في النور قوس المطر

෨·ෆ

أتأمل نورا بعد الليل يلوح

دموع..
يذرفها قلب مفجوع ...

وطن مجروح...
وطن مذبوح..
ودم مسفوح..
ظلمات لم تألفها الروح

فكيف نبوح؟
ولأين يا وطن تروح؟

لله أتوب..
وأرفع شكوى قلبٍ موجوع
يتأمل نورا بعد الليل يلوح...

لا ترهق رأسك

لا ترهق رأسك...

نحن سنرتب أفكارك
وسنكتب مسودات قرارك

وسنفشي للعالم أسرارك
لا تخجل لو حاد مسارك

أو ثارت بركاناً أمصارك
فسنخذلك
ونشجب أنصارك

وستحمل وحدك أوزارك!

൩·ଓ

مع الله

(* هذه القصيدة معارضة لقصيدة: مع الله لعمر بهاء الدين الأميري، وهي مرة أخرى قصيدة ثنائية مجمعة من عدة مراسلات وكل ما بين القوسين مسبوقا بـ# ليس من نظمي، بل هو من نظم زوجي)

(مع الله حي تلين القلوب
مع الله عند انفلاق الحجر

مع الله عند انتظار الشروق
مع الله إن طال ليل القدر

مع الله حين كوتنا الذنوب
مع الله حين الحوب اغتفر

مع الله يوم اعترتنا الخطوب
وأنكرنا الأهل وقت الخطر

مع الله حين تضيق الصدور
وتوشك بالهم أن تحتضر)

* مع الله تندى أكف الرجاء

يبللها الدمع وقت السحر

مع الله يروي القلوب الدعاء

يطمئنها الذكر حتى تقر

...

(مع الله في الحل والمرتحل

مع الله حين انتوينا السفر)

...

* مع الله عند انتظار الشروق

مع الله إن طال ليل القدر

(مع الله نثني عصي النفوس

مع الله إن طاش لُبّي انزجر)

...

* مع الله تبيض سود الوجوه

ويمحو الذنوب انسكاب العبر

مع الله عند احتجاب الشموس
نهارا وقد غام عنا البصر

مع الله تهديك ءاي الكتاب
كنجم سنيٍّ بتيه ظهر

مع الله إذ تستبين الطريق
يقينا وثيقا فليست غرر
* مع الله عند احتلاك الفتن
فتمسي على شفة من حفر

وينجيك من دخلها بالرجاء
وعلم هدى لاتباع الأثر
...
* مع الله في العسر أو في الرخاء
وفي كل حال لنا مدكر

مع الله يوشك غيم الكروب
يفيض قريبا بسقيا المطر

فتروى بعفو القريب المجيب

قلوب عراها اعتكار الكدر

...

* مع الله يعييك شكر الفيوض

لقلب بحمد المليك انفطر

مع الله قلبي وقلب الرفيق

نتوق لموعده المنتظر

نسبحه عدَّ خفق القلوب

ونحمده عد قطر المطر

...

(مع الله حين طوتنا السجون

مع الله حين القيد انكسر

مع الله حين عرفنا الطريق

مع الله حين الضياء انتشر

مع الله في غار ثور نبيت

مع الله حين الحق انتصر

مع الله حين دهتنا الخطوب

مع الله حين الفجر انفجر)

...

(مع الله رب السنا والشروق

مع الله في تمتمات الزهر

مع الله يوم استبد الطغاة

مع الله حين الذبح استحر)

...

(مع الله حين ألمت بنا

صنوف الخطايا وحوب البشر

مع الله عند التباس الطريق

مع الله حين تحار استخر)

...

* مع الله نروي ظماء النفوس

هي الآي تسقي صحيح البصر

(إذا الليل ولى فنعم الشهيد

رآنا نرتل آي القمر)

...

* مع الله لذ بمثاني الكتاب

ففيه البيان وفيه العبر

إذا الفجر لاح أطلنا السجود

وفي كل وجه فجر أغر

...

* مع الله يزهر نور السراج

وإن رام إطفاءه من كفر

مع الله يوم افترشنا الرصيف

وبالقيد في القلب حز الأثر

يتيه الكسالى بزيف الحياة
ويؤسر من قلبه قد صبر

مع الله يبطل كيد البغاة
ويظفر من للإله اصطبر

أين أم ترضع العلم بنيها

(* هذه القصيدة معارضة لقصيدة: أيها النائم عند المائلات)

قد أجدت القول في تلك العظات
جادك الغيث وحزت الخيّرات

وجزاك الله بالخير هنيا
وأزاح عنك ضيق الكربات

أين هذا من رجال المكرمات
أظهروا الجد وعافوا الترهات

نفضوا الدنيا متاعاً وامتطوا
صهوة العزم وساروا في ثبات

أفردوا الله إلاهاً وارتضوا
دينه حكما لكل النازلات

أخلصوا العهد ولم يستبدلوا
صدحوا بالحق في كل الجهات

ليس يثني عزمهم كيد البغاة
لا ولا يشرون بالهَدْي الفتات

أين أم ترضع العلم بنيها
دون وهن في الليالي النيرات

تغرس المجد وتحيي العزم فيهم
ترشد الركب لدرب المكرمات

ليس يغريها بزيف الذل عيش
لا ولا ترضى بسفه الراغدات

ما بوهم ذاك عهد الخير فيها
كم على درب الهدى من رائدات

...

قد نظمت النصح دراً في عظات

ترسم الخطو لمن عاف السبات

ترشد القلب دروباً منجيات

بين يطوي القوم نوم كالممات

فعليك من مليك الكون رحمة

تنشر النور لك والطيبات

تيك صفات المؤمنات فلم تزد

(هذه القصيدة هي تعليق على كتاب روائع زوجة الأحلام في عصر غربة الإسلام)

تيك صفات المؤمنات فلم تزد
في الوصف عن حدّ الرؤى العَطِرات

الصافيات الصادقات كأنها
عند الملمةِ هاديْ النجمات

القانتات الحافظات بغيبةٍ
الراعيات العهد والحرمات

الصابرات وتطمئن قلوبها
بذكر رب العرش في الصلوات

الساكنات الساكتات عن الأذى
الساكبات الدمع في الخلوات

الحانيات الحادبات كأنها
في الجدب غيث بارد القطرات

فهل تعز على الزمان سماتها
ويغيب في الدنيا ندى الحسنات

لله ما آلت إليه صفاتنا
وله نؤوب ونسكب العبرات

فلعل رب الناس يصلح أمرنا
ونعيد للتقوى الخطى بثبات

مهلاً العصفور أيها

أيها العصفور مهلاً
ليتني ما زلت طفلاً

أرتمي في حضن أمي
خاليا من كل همي

يرتوي بالنور قلبي
دون أدراني وذنبي
...
أيها العصفور إني
بي توق كي أغني

فوق غصن الأيك أشدو
مثلما بالحسن تبدو

وإذ الكون سلام وانسجام وجمال
ليس فيه من ظلام أو جدال أو سجال

أي حلم يملأ القلب شجون

ويواري الشوق في دمع العيون

أيها العصفور غنّي

واملأ الدوح تمنّي

لحنك العذب الشجي

يؤنس القلب الشقي

يرتق الجرح العميق

ويواسي الحُرّ في وهن الطريق

فعسى ترتقي الأيام من حال لحال

ليس في الحلم محال!

مساؤك قمر يا أسماء

مساؤك قمر يا أسماء...
حلمٌ بلا ضفاف
وأمل بلا أوصاف
...

مساؤك ودٌ يا أسماء...
وحب ونور
ولؤلؤ منثور
في قافية حبور
...

مساؤك أمسيات سعيدة
وحكايات عجيبة
عن بلاد بعيدة
لا يحتار فيها القلب
ولا تنتحب الأمنيات
...

مساؤك دفء ورضا

وهدوء وسكينة

وذكريات كريمة

لا تبخل على خاطرنا ببسمة

ولا تكلفنا سوى خيال رسمة!

...

مساؤك يا أسماء أنيق ولطيف

وشجي وبهيج

وشاحه الذكر والتدبر

وروحه الحمد والتفكر

مساؤك قمر يا أسماء

طيف بهاء

حلم هناء

ونفحة أُنسٍ وسناء

الرأي في مدينتي جريمة

أربعون ألف...
سجين رأي
في بلاديَ الحزينة

الرأي في مدينتي جريمة
جريمة دنيئة
تستلزم العقاب والقطيعة
...

الرأي في مدينتي الحزينة
خصلة ذميمة
تستوجب التعذيب والحرمان
من أي حق كان

الرأي في بلادنا قرينة
للغدر والعصيان

لا تسمعوا لغيري
لا تنصتوا لرأي هاتف سواي
كائنا من كان..

๛

عز الكلام عن البيان

عز الكلام عن البيان وهاجني
شوق إليك تسوقه الأسحار

وأجلت في طُرف القصيد لواحظي
أبغي شفاء الوجد بالأشعار

فوجدت حبك لم تجربه الورى
ولا حكته الناس في الأمصار

فعكفت أجدل من حروف قصائدي
نورا تضن بطيفه الأبصار

من لي بمثلك لو تدبر عاذلي
لرءاك نُعمى من هدى الغفار

فلعل رب العرش يصلح شأننا
إياه نرجو اللطف في الأقدار

كيف لي أن أعود ربيعاً

ليت أني مللت الندم
واستوى في ضميري الغنى والعدم...

ليتني لم أزل
عند أطراف مرج الصبا
حين كان اخضرار المساحات
يطمس خطو الزمن
وينساب في النفس حلما
وهمسا من أمنيات
ولحنا فقيرا
من أغنيات بريئة
صادقة كالأبد..

ينساب منسجما
في اتساق الطيور
حين تصطف سربا
يشق السماء

مرتحلاً في امتداد الحنين
نحو الوطن !...

ليتني لم أزل
عند أطراف مرج الصبا
حين كنت يغشى فؤادي الفرح
اذ يسّاقط التوت في سترتي
وحين أجمع من شاطئ البحر
كنز الصدف..

وحين أرقب من كرمتي في الشتاء
سقوط البرد
وأحكي انتصاراتي للقمر.. .
...
ليت همس الأماني
يحيي في القلب ما مات منه
اذ هجرته المعاني !...
....

فيا زمنا من أنين الحيارى
ويا شجنا من دموع
كيف لي أن أبوح؟
تنح يسيرا عن
شرفة الذكريات
ودعني أنساب لحناً بريئا
وحلما أبياً جريئاً
شذبته الحياة...
حين يوما أراد الحياة...

ويا زمنا من حنين
ليس في العمر متسع للوقوف
إذا اخترت أن أمضي للعلا
يغدو محالا للخطو أن يستحل الرجوع !
...
فدعك من حيرة المبهمات
وقل لي :
لماذا تحب الرحيل
في دروب السفر

لماذا يميت الذهب
ضمير البشر
رغم أن مبدأنا من تراب
وتمتد أعمارنا للتراب

فلماذا؟
رغم اليقين
ننسى مآل الخطى
ونهلك في المدى عابثين؟

ولماذا؟
حين تنمو البراعم
وكانت جميلة
تصبح أشواكا بعد حين..

لماذا سريعا تموت البراءة
وتنبت كالفطر روح البذاءة

ولماذا...

رغم الحنين

نحيا أعمارنا غائبين

نبيع هوياتنا للرياح

ونطمس أعيننا في الكذب

ونشري النفاق بذلّ الأبد

لماذا تموت فينا العزائم

وتحنى أصلابنا للرزية

ونسترخي للدعة والكسل..

...

لماذا المعاني الجميلة تهاجر

وتتركنا كالشواهد

كالبيوت القديمة

لتعوي فينا الرياح

وتسكننا الأتربة

والعناكب !...

...

ويبقى للمستحيل الجميل

مساحاته الموصدة في العيون

فيا زمنا من سكون...

كيف لي أن أكون

عنيداً

حين تغرق قلبي الشجون

وئيداً

وحين أجتّرفي مجمل الذكريات

المرارة

وحين أعد خطاياي والسيئات

فيقصم ظهر صمودي

ويكسر عودي. !..

...

كيف لي أن أعود ربيعا

إذا شذبتني الرياح

وأحنى فروعي الشتاء!؟

...

أما آن لي أن أشد الرحال

لربّي

لأصلح بعض الذي قد تبقى

وأصدق عهدي...؟

أما آن لي أن أخاف المآل

وأزرع خطوي بدرب الرحيل

عن دعة العابثين

وعن غابة الراغبين

وأن أنساب في الريح

صوتاً

عميقا بعمق الندم

أما آن لي أن أعاف العدم؟!

ஐ۰ஐ

كانت بغداد

كانت بغداد
وجها تتراءى فيه الأحزان
كانت وهجاً
من وقد تباريحي

سيفاً
غرسته الأوجاع
بين ضلوعي

كانت حلماً حراً
يتألق
وعداً مرصوداً
بغدٍ تشرق فيه
شموسُ صِبَى
وعهود يباب

كانت أنشودة عشاقْ
سحر حكايا
وخيالاً أوسع من أفق الأحداق

فكيف غدت
جرحاً أقسى من
نصل السكين

وكيف بدت
وهجاً من وقد تباريحي
وصمة عارٍ في تاريخي
وأسىً
لا تحكيه شروحي!

يا كعبة المشتاق

يا كعبة المشتاق
كم زارك العشاق

ضجت بهم لمطافك الأشواق
فأتوك يسعون على الأحداق

وجرت مدامعهم على الأطواق
كم ذا التقى الحبين بعد فراق

إذ ظن خاطرهم بألا تلاق
لا يعرف الأشجان من لا ذاق

يدعون مولاك العلي الباق
حمدا وتسبيحا بكل وفاق

إن يوما تزيد فيه بعلم

إن يوما تزيد فيه بعلم
لهو يوم على الزمان فضيل

وزمانا تغيب فيه بجهل
لأوان من الحياة ضليل

كيما يعلمك الألم أدب الطلب

كيما يعلمك الألم أدب الطلب
فلكم منعت وقد رغبت فلم تنل

كيلا تكن فرحا بما ءاتاك أو
تأسى إذا فات الأمل

أبجدية الريح والأغصان

لا أعرف

لا اعرف شيئا

لا أعرف مبدأ هذا الشجن المشحون

وحتام يدوم!

لا أعرف يا سيدتي كيف أكون؟

فأنا ان لم أتجول بين سحابات النور

أذوي وأموت!

لا أملك أن أحيا مخنوقا

في سجن العادة والتكرار

فأنا ...

لا يطربني الا ضوء الشمس الحر

وإلا أن أنساب طليقا في مجرى الأنهار

لا يشجيني الا صوت الطير

وهبة ريح الفجر
وأن ترقص في المرج الأزهار

لا أملك أن أحيا مخنوقا
بين عيون الناس

فأنا أهوى ....
أن ألقى العاصفة جريئا
وكأني في ضلع النسر جناح

وأن يلقاني الليل غريقا
في لحن الكروان الشاكي
من شجن العشاق

يسحرني المطر المتساقط في ثورة رعد
ينقش أسراره أوهامافي غسق
الشطآن
يغرقها في البحر الوسنان
ينثرها في كف الريح وتمتمة الأغصان

لا أجمل
لا أجمل أبدا
من أن تحيا في أرض الرحمن طليقا
لا تبني في قلبك حيطان
تتجول بين عيون الشمس
وتجتاز الأفلاك
تغرس في أرضك غرسة ود
وتشق بكفيك جدول ماء !...

ಬ.ಲ

حكاية غرق

1

يُوشك أن يغرقنا الموج
ورُبّانُ سفينتنا
لا يخشى الموت
وليست
تشغله الأهوال
يستنكرُ فَزِعِي
ويحدِّقُ في عينيّ الخائفتينِ
بهدوءٍ مشبوهٍ بالصدقِ
يقول:

لا تفزع ...
لم يحدث
لم يحدث أبداً
أن غرقت مركبنا يوماً
والأمر بسيط

وأنا أدرى منكم بشئون الإبحار
فلتهدأ يا سالم
وليهنأ منك الخاطر والبال
...
لكن ... يا ربان سفينتنا
يتصاعد من قاع المركب دخان
ويشير الدخان لنار
قد يتمدد منها حريق
لا تؤمن منه الأخطار!

فيعود لطمأنتني:
يا سالم ...
أية نار؟

انظر حولك
ها أنَّا نبحر بأمان
لا تدنو منا الأخطار
ولا انطفأت بعدُ الأنوار
وقلت لك قبلاً لا تقلق

لم يحدث أن غرقت مركبنا أبدا

ذات نهار..

...

وأحدُّثُ نفسي

هل يمكن للموت الموت

أن يأتي أكثر من مرّة؟

هل يعني ألا نغرق

ما دمنا لم نغرق قبلا؟

...

لكني ألتزم الصمت

وأصعد

نحو السطح

لأفتش عن بعض الصمت

وأُحدِّث موج البحر..

...

2

وأرى مسعوداً..

يتأمل للمرة الألف

عقد اللؤلؤ في كفيّه..

ويُحَدِّثُني

جَذِلاً مسروراً

كي أنسى من فرط حبوره

قرب الأخطار

أنسى

ربان سفينتنا والنار

وأغفر كل الأوزار..

...

ومسعود...

فلاح مصري طيب

مرِحٌ وبشوش

وأصيل العود

كسنابل قمح الصيف الحبلى

بالأفراح...

مسعود يقول:

ما رأيك يا سالم في العقد

لو تعرف كم ستُسَرُ به نجلاء!

ونجلاءٌ – لو تدري – صبية

سمراء ندية
وجميلة كجِنِّيَة
لضفائرها المجدولة لون الحناء
ولِعَيْنَيْها حين تُطِّلُ بريق
تشرق منه الشمس
في فجر العيد...

ونجلاءُ عروسي...
ومزرعة الأحلام الملأى بالأسرار
ستراها يا سالم
-إن شاء الله-
ستجيئ للُقيايَ على الميناء

قلتُ لها لا تأتي
فإني
أغار عليها
حين تضيء الشمس بريقاً في عينيها
وأخاف عليها من فوضى الميناء
ولكنْ...

لم تقبل ألا تأتي

قالت

"لن ترى، أحداً قبلي إذ تأتي

أو بعدي"...

سيعجبها عقد اللؤلؤ يا سالم

؟

ألست معي يا سالم؟!

...

3

يا ربان سفينتنا ..

لماذا تميل سفينتنا؟

ولماذا لا تنطفئ النار؟

ولماذا لا يقترب الشاطئ

ويحل الليل الآن

لتنطفئ الأنوار

هل صح الحدس الآن؟

أترانا نغرق؟!
وسفينتنا تميل
ويخاصمها الموج
وصراخ الناسِ
وفوضى
هولٌ يتعاظم في قلبي

هل أقفز؟!
لا لن أقفز...
لن أبرح ظهر المركب
فهي المرفأ...

لكن المرفأ يغرق!
هل أقفز...؟
طوق نجاة
يلقيه إليّ
شخص مجهول
يصرخ في وجهي:
اقفز...

أقفز

في حضن الموج

لعلّي

إذ أُغرِقُنِي

أنجو

من غرقٍ يترصدني !...

كم كان الموج قريباً

لو تدرون...

ما أحلى طعم العيش

في عين غريق

يتعلق في طوق نجاة

إذ يغدو الموت

أقرب من خفق القلب

وأدنى من طرفة عين

...

وتغيب سفينتنا عن عيني

يغرقها الموج

لتهوي

فيِ القاعِ

ووحدي

فيِ خِضَمِ الأمواج

أفتّش

عن شيء ينقذني

من غرقٍ يسحبني

نحو القاع

...

4

بل كنا اثنين

نتعلق فيِ العتمة

حلماً

حبل رجاء

وبلوحٍ يطفو

فوق الموج

وصرنا خمسة

ورفيقي يسألني ما اسمك

اسمي سالم

وأنا مَرْسَى

"مُرسِي ... ؟"

لا بل مَرسَى...

وأنا صيّاد

ويهيؤلي أنَّا

قد ننجو

من غرق محدق

إن صح الحدس

فهذا ليس بلوح

بل طوف...

طوف من مطاط

فدعونا نبحث عن خيط

لابد يكون بأحد الأطراف الخيط

أرأيتم... أمسكته...

فدعوني أسحبه الآن

وليتمسك كل منكم

حتى يمتلأ الطوف هواء
يفصلنا عن غدر الماء...
وصعدنا...
وتنفسنا الصعداء...

والبرد القارس
يُوغلُ في أوردتي
وعتمة ليل الغرق
تُوهِنُ فيَّ العزم
ومَرسَى...
يبحث في الموج العابر
عن غرق أحياء
وغريق في إثر غريق
يحمله الموج إلينا
صرنا عشرة...
فعشرون
فأكثر...

وأسأل مَرسَى الصياد...
لماذا يا مرسَى
كنتَ الأربط جأشاً
منّا
والأوفر حكمة...؟

فيجيب بأنّه
قد عاد لتوهِ من عُمرَةْ
واستبدل في العمرةِ عمره
وبأنه
كان يظن بأنه
سيموت غريقاً في كل الأحوال
فلم يتعجب
من غدر البحر الآن...

لكن الرحمن شملنا اليوم بلطفه
وسيشملنا بعفوه
في كل أوان...
...

ويمر بعينيّ غريق

يتلألأ بين يديه بريق

يتفحصه مرسى

فيأسى

ويقول بأنه

قد فارق روحه

وأحدِّق في ليل الغرق

أصيح

هذا مسعود...

مسعودٌ يا مَرسَى!

سنرفعه إلينا

لن أتركه في ليل البحر غريق

"لا لن تفعل

فالأحياء أحق بفرصة عَيْشٍ

أما صاحبك فمات

ولن نحمل معنا الموتى ...

لن نحمل معنا الموتى يا سالم...

فاسترجع "...

ما أقسى الليلةَ يا قلب

أستخلص من بين يديه العقد

وأتركه في حضن الموج

فقيداً

لم يهنأ بالعرس...

...

ما أقسى هذي الليلة...

وصبّيٌ باكٍ

يتعلق بالموج يصارع

في ذعر الليل ينادي

أُمّاً

اعتادت أن تحمل همَّه

تحضنه امرأة أخرى

قد فقدت ابناً آخر

في ذاك الهول

ويطلُّ على قلبي

من بين عيونه

وجه وليدي أحمد
وشقاوة ضحكته الأعذب
من طعم السكر
تسألني
أتراني أراه؟؟
...
5

- هل ألمح ضوءاً؟
- بل قل هل يلمحنا الضوء؟
ويرانا طاقمُ طائرةٍ تستكشف
سطح الموج

- ربان الطائرة يقول:
أشيروا، إن كنتم أحياء،
بحركة

- من منكم بقيت بعض قواه
كي يأتي بحركة؟!

- ربان الطائرة يقول:

- بالصبر تحلَّوا

وسآتيكم بالنجدة في الحال

ويغيب الضوء عن الأنظار

ونُعلِّق بحبال الصبر الآمال

...

6

ويضيء بأعيننا الفجر

ولم تأت النجدة بعد

وألمح في غبشة ذاك الضوء

خيال

رجل يحمله الموج

يبدو ويغيب

يوغل في فُوديه الشِيب

هذا "حامد..."

أعرفه مذ وطِأت أقدامي

مدن الأسمنت

لا زالت تنبض فيه حياة

حامد... رُحماك أفق

هل كنتَ بالروح تجود

"

لا ...

بل أحلم...

بنخيل الوادي والحنطة

وصغاري الخمسة...

إيهٍ – يا سالم –

لو تدري

كم تقسو الغربة

وكم كنت أتوق إليها

لكن ...

كنت أريد

ألا يرث الحرمانَ صغاري

وقدَّمتُ لمرارة صبري أعذاري

أبلغها يا سالم
إن عدت إليها
أنَّا
عَنِينا فيها
وبعيداً عنها
عَنِينَا...

وأنَّا قد متنا...
ولم نرضَ عليها
فهل رضيت عنَّا؟
...
7

ويمتدفي صمت الموج نهار
أطول من كل الأسفار
يمتد كعمرٍ من أوزار
وإذ ييأس من نجدتنا
يلّمُ ضياءه كي يرحل
ويغيب ويتركنا

لليلٍ
تتقلب فيه الأقدار

...

ليلٌ آخر يا قلبي
يغرقنا في عتمة خوفه
ويهادننا الموت
يجيء
بآخر ليل المكروبين
يجيء...
فريق الإنقاذ
المتحفّز دوماً لمجابهة الأخطار!

...

8

إيهٍ
لو تدري ...
ما أجمل أن تقرع بخطاك
صعيد الأرض ...

لو تدري...
ما أجمل أن تمتد أمامك
أزهار المرج

ما أجمل أن يعطيك الله
فُسحة وقتٍ
كي تحيي موت القلب...
أتراني نجوت؟

غفرانك يا رب المكروبين
يا رحمن الكون
أصلحني
قبل أوان الفوت!
...
9

وأراها ...
تفترش حزن الأرض
صبيّة

سمراء نديّة

جميلة كجنيّة

لضفائرها المجدولة لون الحنّاء

ولعينيها حين تطل بريق

تشرق منه الشمس

في ليل البيد...

تسألني ...

عن فلاح سيعود

مرحٌ وبشوش

وأصيل العود

كسنابل قمح الصيف الحبلى بالأفراح

يدعى مسعود...

وأنا...

في صمت القهر أحار

ومسعود؟

في عرض البحر غريق

وكان يريد...

أن يحظى بالعقد رضاك

لكن

لم يعرف أنه

لن يلقاك

ومات...

وملء العين رؤاك...

آآآآآآآآآآآآآهِ

يا وطني المفجوع

قدرٌ مجروح

وأنا المذبوح

قد كِدتُ أبوح...

...

10

إيهٍ يا أرض المفجوعين

ويا وطن الفقراء...

أوصلني حامد إن كنت سألقاكِ
أن أبلغك بأنه
يشتاق ثراك

وأنه...
كان يتوق إليكِ ...
لنخيل الوادي والحنطة
وصغارٍ خمسة

وبأنه...
لم يرو من ظمأ الصبر صباه
ومات...
ولم يرضَ عليك
فهل أنتِ عنه رضيت؟!
هل أنتِ رضيت!

المحتوى

مفتتح	7
إذا ضاقت بهم العبد أرض	13
أنا المشتاق للأوبة	14
لا تنافق...!	19
قلبٌ تساوره الهموم	22
نبيُّ اللّه غرّةُ كلّ فجرٍ	24
يا رب إني أبتغيك وأرتجي	27
فأين يا ربي السبيل بهذه الفتن المضلة	34
هو الليل أرخى لنا الأمنيات	36
هلالٌ هلّ من غيب الستائر	37
يا نبيَّ اللّهّ عذراً	39
يا ميسُ لو تدرين كم هو مثقل	44
وكم من ءاية عنها مررنا	47
هو الصبر ترياق الكروب	48
نسيم الصباح يحدث قلبي	49
قد تفارقنا ولما نفترق	50

51	القلب في شوق إلى القرعان
52	الله مولانا هو الرحمن
54	غريبان نحن بهذي البلاد
59	عد سليم القلب تنعم بالنجاة
60	أكرم بسؤدد أحمد من سؤدد
61	يا رب إني سائلك
63	إن لله مآل الحال يا صاح فسلّم
64	ما أحلى قول العبد التائب يا الله
66	فاض دمع القلب في حبل الوريد
67	أليس الله فاطر كل شيء
69	منشأ الصبر يقين وجلد
70	ياصاحبي في عالم الأحزان
71	لماذا لم أتب من سوء حلي
74	ميثاق البعد يطول
77	يا من مننت بمدي بعد إيجادي
78	هذا نبي الله مسراه السما
83	أيها البحر قل لي
85	يا من دللت بطاعة في ساعة

يا قدس تفديك القلوب	86
زهرة الصبّار	93
فذاك كسب أيديكم	97
فيا بيروت يا وجعي	99
الصمت أبلغ من كل كلام الشعراء	111
وانفرادي بغير سوء جليسي	113
طاغوتٌ بغير الهدي يهدي قومه	115
يا رب قد وهنت قواي	117
وماذا بعد يا غزّة	120
ومضيتُ في لجج الحجيج ملبيا	131
يا بنت يا أم الضحكة تملى الكون أمل	134
صباح الود والآمال والورد	137
رُبّ كرب زادني وصلاً بربّي	144
بانياس.. وماذا أنتم فاعلون؟	145
والقدس لا زالت أسيرة	149
أبكي عليك يا مصر السلام	151
تنقلتُ في الأحوال حتى علمت	154
أبيات تمنيت ألا أكتبها	155

كم أتمنى	157
فوق سطح جار الحبيب	160
وأنت جمال فوق جمال دون جمال	162
طفلٌ عُريان	170
إن حباً يزيدُ في كل يومٍ	175
هو الجرح الذي لم يندمل	180
في سكون الليل يشجو	182
الحمد لله الذي برانا	184
رمضان يا شهر الضياء	185
بذكر الله أنسى كل بؤسي	186
لا تقل بأننا على شفا انحدار	187
ما حيلتي وأنا الجريح؟	188
تمر بلطف الكريم الكروب	190
أتأمل نورا بعد الليل يلوح	192
لا ترهق رأسك	193
مع الله	194
أين أم ترضع العلم بنيها	201
تيك صفات المؤمنات فلم تزد	203

206	أيها العصفور مهلاً
208	مساءك قمر يا أسماء
210	الرأي في مدينتي جريمة
212	عز الكلام عن البيان
213	كيف لي أن أعود ربيعاً
220	كانت بغداد
222	يا كعبة المشتاق
223	إن يوما تزيد فيه بعلم
224	كيما يعلمك الألم أدب الطلب
225	أبجدية الريح والأغصان
228	حكاية غرق